Formação e profissionalização docente

EDITORA
intersaberes

Formação e profissionalização docente

Joana Paulin Romanowski

EDITORA
intersaberes

Rua Clara Vendramin, 58 . Mossunguê
CEP 81200-170 . Curitiba . PR . Brasil
Fone: (41) 2106-4170
www.intersaberes.com
editora@editoraintersaberes.com.br

Conselho editorial
Dr. Ivo José Both (presidente)
Drª. Elena Godoy
Dr. Nelson Luís Dias
Dr. Neri dos Santos
Dr. Ulf Gregor Baranow

Editora-chefe
Lindsay Azambuja

Supervisora editorial
Ariadne Nunes Wenger

Analista editorial
Ariel Martins

Preparação de originais
Filippo Mandarino

Capa
Denis Kaio Tanaami

1ª edição, 2012

Projeto gráfico
Bruno Palma e Silva

Foi feito o depósito legal.

Dados Internacionais de Catalogação na Publicação (CIP)
(Câmara Brasileira do Livro, SP, Brasil)

Romanowski, Joana Paulin
   Formação e profissionalização docente / Joana Paulin Romanowski.
Curitiba: InterSaberes, 2012.

   Bibliografia.
   ISBN 978-85-8212-293-8

   1. Pedagogia 2. Professores – Formação profissional I. Título.

12-08707   CDD 370.71

Índices para catálogo sistemático:
1. Docentes: Formação: Educação   370.71
2. Formação Docente: Educação   370.71

Informamos que é de inteira responsabilidade da autora a emissão de conceitos.

Nenhuma parte desta publicação poderá ser reproduzida por qualquer meio ou forma sem a prévia autorização da Editora InterSaberes.

A violação dos direitos autorais é crime estabelecido na Lei nº 9.610/1998 e punido pelo art. 184 do Código Penal.

Sumário

Organização didático-pedagógica, 7

Apresentação, 9

1 Profissão de professor, 15

2 Formação inicial do professor: cursos e determinações legais, 69

3 Formação continuada, 129

4 As pesquisas sobre formação de professores, 169

Considerações finais, 183

Referências, 187

Gabarito, 203

Sobre a autora, 205

Organização
didático-pedagógica

Síntese

Você conta nesta seção com um recurso que lhe instiga a fazer uma reflexão sobre os conteúdos estudados, de modo a contribuir para que as conclusões a que você chegou sejam reafirmadas ou redefinidas.

Atividades de autoavaliação

Com estas questões objetivas, você mesmo tem a oportunidade de verificar o grau de assimilação dos conceitos examinados, motivando-se a progredir em seus estudos e a preparar-se para outras atividades avaliativas.

Atividades de aprendizagem

Aqui você dispõe de questões cujo objetivo é levá-lo a analisar criticamente um determinado assunto e integrar conhecimentos teóricos e práticos.

Apresentação

A sociedade contemporânea caracteriza-se por transformações no mundo do trabalho, avanço da ciência e da tecnologia, ampliação das informações, reestruturação econômica e proposições de alteração nas políticas de bem-estar social. No entanto, ao mesmo tempo que vivemos essas conquistas, ocorrem inúmeros paradoxos. Por exemplo, as descobertas sobre o genoma humano aumentam a esperança de cura de algumas doenças e possibilitam o prolongamento da vida, mas o acesso à saúde não atinge a todos; o desenvolvimento industrial e econômico não diminui as preocupações com oportunidades de trabalho e emprego. O aumento do acesso ao conhecimento e a geração de mais riquezas não proporcionam melhores condições de vida para todos. Enquanto o avanço científico e tecnológico tem contribuído com a destruição das reservas e recursos naturais, a ampliação da escolarização não tem produzido, na mesma proporção, o respeito à diversidade cultural e étnica; ao mesmo tempo em que os países tornam-se mais democráticos, também enfrentam maior enfraquecimento da institucionalização do Estado.

Esses paradoxos apontam para novos desafios, tais como a diminuição da miséria e da pobreza, da marginalização científica e tecnológica. As mudanças pressupõem valorização das diferentes culturas, preservação ecológica, respeito à ética e a dignidade humana, entre outros (Marin, 2005).

Comenius*, ao propor sua Didática Magna, em 1632, amplia os propósitos da escola para além de transmitir conhecimentos. Sua proposta traz a escola para o espaço público, com a finalidade de alfabetizar, aprender as ciências, e preparar para a cidadania. Nos séculos XVIII e XIX, a formação para o trabalho também é incluída nos propósitos da escola.

Assim, atualmente, os objetivos abrangem mais que o letramento e a transmissão do conhecimento. Estão

---

* Reconhecido como um dos fundadores da pedagogia moderna, se dedicou a estudar a educação escolar e propôs princípios para a educação que até hoje são levantados por estudiosos. Sua obra principal: *A didática magna*, publicada em 1656 (Mazzotti, 1991).

expressos nos textos legais, como finalidade do ensino básico, a formação do cidadão solidário, tolerante, participativo, ético, bem como o desenvolvimento da capacidade de aprender, a compreensão do ambiente natural e social, do sistema político, da tecnologia, das artes e dos valores em que se fundamentam a sociedade, fortalecendo os vínculos familiares (Brasil, 1996).

Os organismos internacionais, ao definirem os propósitos da educação para o século XXI, propõem que a conquista de uma sociedade mais participativa exige uma escola promotora da educação de crianças, jovens e adultos, com condições de atuar e de responder aos desafios de seu tempo. Uma educação para favorecer o desenvolvimento humano, cultural, científico e tecnológico; uma educação de totalidade, conhecimento pertinente, enfrentamento das incertezas, compromissada com o acesso aos bens culturais pelo conjunto da população (Morin, 1995).

A escola, para esse projeto de educação, pressupõe envolvimento coletivo e interativo de diretores, coordenadores, orientadores, professores, inspetores e demais profissionais da educação, pais de alunos, alunos e, sobretudo, dos órgãos governamentais, tais como ministérios, secretarias de estado e municípios, comprometidos a realizar esse projeto de educação democrática e emancipadora.

A escola, em geral, não apresenta as condições necessárias para a concretização desse projeto. As instalações físicas, os recursos materiais, pedagógicos, tecnológicos e informacionais, as bibliotecas, os laboratórios, o mobiliário apresentam-se em condições precárias. O excessivo número de alunos nas turmas, o número reduzido de horas para a realização do ensino e a fragmentação e instabilidade dos currículos também dificultam a realização de um ensino de qualidade. O pouco investimento na formação dos professores e a contínua desvalorização desses profissionais da educação só fazem ampliar o quadro de dificuldades.

A escola constitui o espaço privilegiado para a concretização da ação educativa, portanto necessita de condições físicas, materiais, equipamentos adequados e suficientes para o desenvolvimento de todas as atividades pedagógicas expressas no projeto da escola, bem como de profissionais formados e valorizados. Refletir sobre a formação dos professores e profissionais da educação é da maior importância e urgência. Igualmente, o enfrentamento concreto dos problemas existentes é necessário para construir novas alternativas capazes de continuar a luta dos professores, profissionais de ensino e da sociedade em geral por uma escola de melhor qualidade. Entre os desafios para uma política de formação de professores, insere-se a formação inicial realizada nos cursos de graduação em nível de educação superior, a formação continuada desenvolvida durante o exercício profissional, a valorização, o reconhecimento social e a constituição da pesquisa na área.

Pretendemos, neste livro, contribuir, com os professores e educadores em geral, nas reflexões que realizam sobre sua própria formação e profissionalização, bem como com as propostas do sistema de ensino para a formação docente, pois como afirma Nóvoa (1995), "não há ensino de qualidade, nem reforma educativa, nem inovação pedagógica sem uma adequada formação de professores".

Procuramos abordar as questões sobre a formação e profissão do professor. Apresentamos o quadro das atuais discussões sobre essas temáticas, ao mesmo tempo em que buscamos contextualizar historicamente o processo de identidade, formação e profissionalização. A obra inclui o debate sobre a prática docente e sobre a formação inicial e continuada nas modalidades presencial e a distância. Foram incluídas, ainda, as atuais exigências legais da formação docente.

Na elaboração do texto, predomina a perspectiva de constituir-se um estudo introdutório, cartográfico, que permita a compreensão do tema em foco. A adoção dessa perspectiva permite ao leitor perceber a abrangência dos problemas e alternativas atuais em debate na área da formação de professores.

O propósito desse estudo é articular experiências e conhecimentos vividos pelos professores e profissionais da educação em sua prática pedagógica, no processo de formação e profissionalização, para promover reflexões sobre a condição de ser professor e, em decorrência, analisar as possibilidades de rever sua profissão e a própria prática pedagógica.

Capítulo um

Profissão de professor

Nós, professores, manifestamos preocupações constantes com o estatuto de nossa profissão, especialmente com a valorização profissional. Desde a década de 1980, vários movimentos foram realizados por melhores condições de trabalho, por melhoria da formação e por avanço salarial. Essas temáticas serão abordadas neste capítulo, que tem por finalidade refletir sobre a identidade do professor, sobre a constituição da profissão e de sua valorização, como também analisar as atuais questões da prática e dos saberes docentes. Esses tópicos são fundamentais para compreender a essência do que significa ser professor.

Convidamos você a ler esta obra atentamente, refletindo sobre as atuais práticas realizadas pelos professores na escola e sobre as atuais políticas para a profissão de professor, especialmente com o sistema de ensino em que está vinculado.

1.1 Identidade docente

Para iniciarmos a conversa sobre formação e profissionalização docente, propomos que seja este o primeiro tópico a ser examinado: a identidade do professor. Todos sabemos que o professor é aquele que ensina, que educa. Mas há outras pessoas que ensinam e educam e que não são professores, como os pais e os religiosos; portanto, são educadores. Geralmente, o professor ensina numa instituição: a escola. É um profissional do ensino. Tem como ofício ser mestre, promover a humanização das crianças, dos jovens, do outro e de si mesmo. Para Arroyo (2000), ter um ofício representa um fazer qualificado de um coletivo de trabalhadores que possui identidade, história própria, preparo e formação específica, que desenvolve um corpo de saberes e tem reconhecimento social.

Mas veja, essa identidade não é dada, ao contrário, é construída tanto pelo indivíduo ao longo de sua vida como pelo coletivo de profissionais de uma determinada categoria de trabalhadores. Na configuração profissional dessa categoria incluem-se as experiências realizadas no cotidiano, referenciadas, cultural e historicamente – no espaço social que unifica e corporifica –, conferindo um *status* social a cada profissão. Igualmente, são incorporadas lutas, conflitos, problemas, avanços de cada categoria (Brzezinski, 2002).

O processo de constituição da identidade profissional é de desenvolvimento permanente, coletivo e individual, no confronto do velho com o novo, frente aos desafios de cada momento sociohistórico. Essa identidade refere-se a ser professor, aquele que ensina, o que implica uma multiplicidade de atividades, considerada a natureza da educação como prática social. Assim, no desempenho da profissão o professor lida com interesses e culturas diversas. Como afirmam Pereira (2000) e Martins (1998), "as práticas sociais, entre elas a educativa, são eminentemente construções sociopolíticas e históricas".

O professor, ao trabalhar na tarefa educativa, exerce a educação formal ou escolar (que se realiza nas instituições tecnicamente orientadas e criadas para esse fim – as escolas), assim como a educação não formal ou extraescolar (que é a atividade educativa sistemática fora do sistema formal de ensino, direcionada à comunidade para ofertar conhecimentos e saberes, como os Serviços Nacionais de Aprendizagem – certamente você os conhece, são chamados sistemas Ss: Senai, Senac – e o trabalho desenvolvido nas organizações sociais, as ONGs, os trabalhos voluntários etc.) e a educação informal ou difusa (que é o próprio processo de socialização realizado durante toda a vida, em casa, no trabalho, no lazer, no não planejado, no assistemático, mas que, também, é circunstanciado histórica, cultural e socialmente, e tem por objetivo a formação dos sujeitos (Romanowski, 2005)). Nós, professores, podemos realizar todos esses tipos de educação, mas somos reconhecidos como profissionais quando exercemos a educação intencional, sistemática, organizada e planejada, desenvolvida nos sistemas de ensino, não é verdade?

As marcas de identidade dessa profissão apontam para um fazer vocacionado, como um ato de fé, mas que no decorrer do desenvolvimento da escola assume a condição de profissão. Uma das características fundamentais da profissão docente é acreditar na educabilidade de seus alunos. A maioria dos professores considera muito importante gostar do que faz, ou seja, além do conhecimento, sabemos que essa profissão envolve sentimentos. Além disso, a educação como prática social incorpora significado social para essa profissão. Implica compromisso, cientificidade, coletividade, competência e comunicabilidade. Torna-se inadmissível realizarmos o ensino mecanicamente.

Mas veja, o ensino está diretamente relacionado à aprendizagem; o professor ensina se os alunos aprendem.

Só aprendemos o que não sabemos; isso é um desafio constante para nós, que devemos estar atentos para perceber o que nossos alunos não sabem, não compreendem, e, ao mesmo tempo, articular com o que os alunos sabem, favorecendo a significação da aprendizagem tanto individualmente como socialmente. Se você pensar um pouco, vai perceber que a ambivalência do ato de ensinar é constante, pois o professor também pode aprender quando ensina, é um processo de interação coletiva. Como diz o poeta João Guimarães Rosa, "Mestre não é quem sempre ensina, é quem de repente aprende".

Entre os componentes da identidade docente está o conhecimento, que é objeto da relação entre o professor e aluno, permanentemente renovado, ampliado. Agregam-se a essa relação os conhecimentos específicos das disciplinas escolares, os conhecimentos pedagógicos e os conhecimentos da prática pedagógica, articulando o conhecimento local com o universal. Também devemos considerar a natureza epistêmica dos campos disciplinares, a própria experiência docente situada social e historicamente e a ética profissional. Como diz Rios (2003), "saber fazer bem o que é necessário e desejável no espaço da profissão". E mais, "a ação docente competente, portanto de boa qualidade, é uma ação que faz bem, isto é, que é bem feita do ponto de vista técnico-estético, e uma ação que faz bem, do ponto de vista ético-político, a nós e àqueles a quem a dirigimos".

Para a identidade do professor, é necessário que examinemos também a questão da autonomia.

O professor é autônomo? É autorregulado? Consegue responder?

A essência da autonomia está na capacidade dos sujeitos de tomarem decisões por si próprios. Autonomia difere de liberdade completa, pois significa ser capaz de considerar os fatores relevantes para decidir qual será o melhor caminho da ação. Observe que não é um processo de isolamento, de individualização, ao contrário, inclui a capacidade de realizar ações cooperativas e colegiadas construindo um sistema de regras e operações (Kesselring, 1993).

A falta de autoconsciência e a consciência baseada na autoridade do outro dificultam a cooperação, e a consciência centrada não anula a ação do indivíduo como sujeito. Nesse caso, o sujeito submete-se às regras existentes e pratica-as por determinação e imposição externas a ele, não por autodecisão ou avaliação própria da necessidade de realizar as atividades que lhe foram impostas. Quanto mais normas, regras e atividades forem impostas aos grupos e aos sujeitos, por exigências externas a eles, menor é o grau de autonomia e maior é o processo de controle. Veja, por exemplo: na definição do projeto pedagógico da escola, caso ocorra a participação do colegiado de professores durante o processo de elaboração, maior será o compromisso. Porém, se vier tudo determinado pelas secretarias de educação, o professor será excluído das decisões e caberá a ele apenas a execução. Em decorrência, não haverá ampliação da autonomia docente, concorda?

Atualmente, a autonomia docente restringe-se a decisões pedagógicas e administrativas no nível da escola. Em alguns sistemas de ensino, os professores participam da elaboração dos projetos pedagógicos, bem como do plano institucional, mas, em outras questões, as decisões são definidas pelas instituições, como você já deve ter conhecimento. Por exemplo, a carreira do professor não é definida pelo próprio sujeito, ela está submetida às políticas educacionais, pois, desde o ingresso na carreira, tudo é controlado pelo sistema de ensino. A participação das associações de professores e sindicatos nem sempre é solicitada ou mesmo ouvida. Como aponta Nóvoa (2000), a formação contínua e as atividades permanentes de formação e atualização provocam uma contínua capitalização do *self* – a intensificação de controle do trabalho dos professores. Nesse momento, os sistemas de avaliação institucionais apontam para a intensificação desse controle.

Os professores, desde a década de 1970, realizam movimentos para serem reconhecidos como categoria profissional, com formação e especificidade de trabalho próprias, com reconhecimento social e político. No entanto, ainda não conquistamos um estatuto profissional reconhecido socialmente. É, ainda, uma profissão a caminho da profissionalização.

A profissionalização é um processo através do qual os trabalhadores melhoram o seu estatuto, elevam seus rendimentos e aumentam o seu poder/autonomia. Ao invés, a proletarização provoca uma degradação do estatuto, dos rendimentos e do poder/autonomia; é útil sublinhar quatro elementos deste processo: a separação entre a concepção e a execução, a estandardização das tarefas, a redução dos custos necessários à aquisição da força de trabalho e a intensificação das exigências em relação à atividade laboral. (Nóvoa, 1992a)

Quantitativamente, na categoria de docentes, encontram-se no exercício da profissão – segundo dados divulgados pelo Instituto Nacional de Estudos e Pesquisas Educacionais Anísio Teixeira (Inep*) – aproximadamente 2.850.000 docentes em atividades de sala aula na educação básica, a maioria nas escolas urbanas, sendo que 1.050.000 estão em escolas municipais. Números altos, não é mesmo? Desse total, 344.000 professores atuam na educação infantil, creches e pré-escola; 37.000 em classes de alfabetização; 812.000 nas classes dos anos iniciais do ensino fundamental; 824.000 nas séries finais do ensino fundamental e 490.000 no ensino médio e profissionalizante. As classes especiais somam 50.000 professores; 214.000 com a educação de jovens e adultos e 49.000 no ensino técnico. No ensino superior, existem 270.000 professores em funções de docência ativa.

Agora veja os números no que diz respeito à formação dos professores na educação infantil: 3.000 têm o ensino fundamental incompleto; 5.600 o fundamental completo; 53.000 o ensino médio e 13.400 o ensino superior. Em classes de alfabetização, 500 têm o ensino fundamental

---

* Último censo disponível no site do Inep em 2007.

incompleto; 1.500 o fundamental completo; 40.500 o ensino médio e 6.300 o nível de ensino superior de formação. Nas classes dos anos iniciais de ensino fundamental a formação de 6.000 professores se dá com fundamental incompleto; 17.000 com fundamental completo; 673.000 com ensino médio e 319.000 com o nível de ensino superior. Nas classes de 5ª a 8ª, a formação de 226 professores é de fundamental incompleto; 1.420 de fundamental completo; 238.000 de ensino médio e 678.000 com nível de ensino superior. No ensino médio, 50.000 possuem formação de ensino médio e 450.000 nível de ensino superior.

Na educação de jovens e adultos, 400 professores possuem o ensino fundamental incompleto; 2.000 têm fundamental completo; 78.000 ensino médio e 143.500 formação de ensino superior. No ensino profissional, 4.500 possuem ensino médio e 44.000 nível de ensino superior.

A formação dos professores do ensino superior indica que 38.000 têm nível de graduação, 78.000 têm especialização, 96.500 mestrado e 56.300 doutorado.

Esses dados demonstram que a formação de professores no Brasil precisa de investimento, pois mais de um milhão de professores da educação básica – mais de um terço do total – ainda não possui o nível superior de formação. Tal necessidade vem de longa data, e, com a expansão da escolarização para o conjunto da população, sem a correspondente expansão da formação, o quadro de carência de qualificação docente continua. As políticas governamentais, tanto na esfera federal como nos demais níveis, não contempla a carreira e a profissionalização dos professores nas condições desejáveis, como bem sabemos.

A nova LDBEN determina, desde 1996, como formação desejável o nível superior e, após todos esses anos de sua aprovação, o quadro de precariedade da formação docente sofreu poucas alterações. Inclusive há um número elevado de professores que não têm formação do ensino médio como preparação mínima para o exercício do magistério, principalmente nas áreas das ciências biológicas e exatas.

Sem formação adequada, os professores não têm como colaborar efetivamente para o desenvolvimento de uma escolarização para superar o fracasso manifesto nos resultados das avaliações que mantêm a aprendizagem dos alunos com médias insuficientes, nos altos índices de reprovação e evasão.

A precariedade da formação inicial é reforçada por outra característica: a necessidade de programas de formação continuada para proporcionar uma melhoria a esses profissionais. E o mais grave é que esse tipo de programa não recebe a devida atenção das instituições governamentais e os existentes são insuficientes para suprir o que é fundamental. Como aponta Gatti (1997), "o que já se fez em outras nações, aqui está por se fazer".

1.2 Evolução da profissão docente

Vejamos agora a evolução dessa profissão em outros países.

O ofício de professor no Egito antigo estava ligado ao uso do discurso. Falar bem consistia no conteúdo e no objetivo do ensino. A educação assumia a missão de preparar os dirigentes para serem os futuros membros dos conselhos constituídos pelos nobres. Muitas vezes, o ensino era realizado por prisioneiros de guerras, que na condição de escravos, ensinavam a ler e a escrever as primeiras letras. Esses prisioneiros pertenciam à elite, pois o comando nas guerras era exercido pelas pessoas mais influentes e poderosas de cada nação, como apontam os estudos de Bittar e Ferreira Júnior (2002).

Na Grécia antiga, o homem completo era preparado para as tarefas do poder pelo uso da fala na política e das armas na guerra. A educação dos gregos enfatizava a formação do homem culto. Os nobres, mestres da retórica, tinham como condição fundamental do ensino a arte de usar a palavra, de compor discursos, poemas, manter uma conversação, mostrar erudição. Os primeiros mestres gregos de que se têm notícia foram os de música e de ginástica. O ensino era organizado com o início do aprendizado do bê-á-bá, que alfabetizava o cidadão, seguia a gramática que instruía e, por fim, a retórica. Bom isso, não é mesmo? A escola de Roma era muito semelhante à grega, na qual proliferavam os preceptores, que promoviam a formação dos futuros dirigentes. Essa formação era realizada por preceptores no espaço privado, individualizado, segundo os autores já indicados.

Durante a Idade Média, a educação tinha como finalidade formar o cristão. Os mestres daquele período eram os clérigos, padres das paróquias e dos mosteiros, que muitas vezes precisavam aprender a ler, pois predominava o analfabetismo na época. O fortalecimento das corporações de ofícios e o aparecimento das universidades, por volta do ano 1000, geraram uma modificação da educação realizada: os aprendizes aprendiam com os mestres os segredos das artes e ofícios que eram mantidos na corporação. As universidades formadas pelos mestres livres e clérigos vagantes nasceram sob a proteção da Igreja. Eram organizadas em torno de três campos de ensino: artes liberais, medicina e jurisprudência. Mestres e estudantes reuniam-se com a finalidade de aprender. Prestou atenção nisso?

As reformas religiosas ocorridas no século XVI, segundo Bittar e Ferreira Júnior (2002), produziram uma renovação no ensino: a difusão da fé em cada comunidade tornou-se fundamental. O ensino passou a ser organizado coletivamente nas escolas. Grupos de meninos de diferentes famílias passaram a ser ensinados por um só professor. Os conteúdos religiosos pouco a pouco foram cedendo espaço para conteúdos patrióticos. Começavam a surgir professores desvinculados das ordens religiosas. Destacam-se as proposições de Comenius (1997), que propunha um método de ensinar tudo a todos.

A contrarreforma provocou o aparecimento de novas ordens religiosas cristãs, como os jesuítas, que passaram a catequizar e a propagar o catolicismo; um sistema de regras foi criado e adotado em todas as escolas e missões jesuíticas: o *Ratio Studiorum,* que consistia num conjunto de regras de conduta de aula, instruções para regular as relações e procedimentos de professores e alunos. A orientação do ensino caracterizava-se por uma sólida formação humanista-cristã. Esse sistema de educação caracterizou as missões jesuítas que se instalaram no período de colonização do Brasil, lembra de ter estudado isso?

Ressalta Tanuri (2000) que a criação de escolas para o preparo específico dos professores está ligada à "institucionalização da instrução pública no mundo moderno, ou seja, à implementação das ideias liberais de secularização e extensão do ensino". No século XVII, fortalecida na Revolução Francesa, a institucionalização da educação como função do Estado e voltada para a formação dos cidadãos concretiza a ideia da criação de uma escola para formação de professores laicos, e, em decorrência, os professores passam a ser considerados como profissionais a serviço do Estado. A crença na necessidade dessa formação fortaleceu as escolas normais, que ficaram ao encargo do poder público e espalharam-se pela Europa nos estados nacionais recém-criados.

A Revolução Industrial ampliou a função da escola, principalmente para a instrução básica, que constituiu a base para a formação dos operários das fábricas e para a urbanização. A educação passou a ser uma solicitação de toda a população, o que fez aumentar a necessidade de maior número de professores.

No Brasil, após a expulsão da Companhia de Jesus em 1749, as reformas adotadas por Marquês de Pombal assumiam o início da criação das escolas públicas. Foram criadas as "aulas régias", que consistiam em aulas avulsas ministradas por um professor o qual tinha conhecimento de uma disciplina, um assunto. Esses professores eram religiosos e/ou intelectuais. Foi mantida a proposição de ensino público nos colégios, no entanto, poucos deles prosperaram na época. Somente com a vinda da Corte Portuguesa para o Brasil, em 1808, que ocorreu a preocupação com a escolarização e foram instalados alguns cursos superiores.

O ensino primário – a "escola de ler e escrever" – passou a ser estimulado durante o período imperial, especialmente no reinado de D. Pedro II, ainda que sem um efetivo investimento, mas é a partir desse momento que começam as preocupações com a formação dos professores.

Em 1835 é criada a primeira escola normal. Destacamos aqui a criação do Colégio D. Pedro II no período imperial, que deveria constituir-se em modelo para o ensino secundário. Destinado à formação da elite cultural, preparava para o ingresso no ensino superior. Os professores eram catedráticos, responsáveis por sua "cadeira" (disciplina) e compunham a congregação que definia os rumos do ensino. As decisões eram tomadas por essa congregação, depois de debates e votação de seus membros. Os professores do colégio eram nomeados pelo próprio Imperador D. Pedro II. Os critérios de admissão de professores, neste período, constavam de exames públicos perante o presidente da província para os "catedráticos". Posteriormente, essa responsabilidade foi atribuída às assembleias. Entendido até aqui?

Os professores da escola primária, na maioria das vezes, eram leigos com pouca escolarização. No interior do Brasil, especialmente na zona rural, eram os proprietários das fazendas que criavam e mantinham as escolas de ensinar a ler e a escrever, mas, atente para isso, a maioria dos professores não possuía formação adequada.

Nas cidades, a nomeação dos professores era de responsabilidade dos presidentes das províncias, nas escolas vinculadas a elas, bem como a definição do valor do ordenado. Ressalvamos que a partir de 1827 foi adotado o método Lancaster – ou do ensino mútuo –, em que cada grupo de dez alunos ficava sob a responsabilidade de um dos alunos que se destacava, devendo este repassar as instruções recebidas do professor: eram denominados *decuriões*. Cabia ao professor instruí-los. Os relatórios dos inspetores de ensino, deste período, denunciavam a falta de professores preparados. Enfatizamos aqui que, nesse período, a escola era para poucos; a maioria da população era analfabeta.

A reforma do ensino de 1854, proposta por Couto Ferraz (na época ministro do Império), definia como requisito ao cargo de professor do ensino primário o seguinte: ser brasileiro, ser maior de idade, ter moralidade e capacidade profissional. O exame da capacidade (prova oral e escrita) era realizado por uma comissão de examinadores definida pelo presidente provincial. Para o ensino secundário, os professores realizavam os exames públicos tendo por referência o Colégio D. Pedro II.

Essa reforma criou as Conferências Pedagógicas, mas a primeira delas aconteceu só em 1873. Simultaneamente ocorreu a regulamentação da fiscalização do ensino, que passou a ser realizada por "delegados de ensino", dirigidos por um Inspetor Geral.

Instalada a República em 1889, mesmo com o "entusiasmo pela educação", esse quadro sofreu poucas alterações. A maioria da população em idade escolar era analfabeta, como aponta Ghiraldelli Júnior (2003), pois no imenso Brasil rural existiam poucas escolas, nas quais trabalhavam professores sem qualquer formação. Nas cidades foram criados os grupos escolares, que consistiam na reunião de classes de alunos; passou a ser exigido que os professores deveriam ser aqueles que possuíssem curso normal para atuarem nesses novos estabelecimentos de ensino. Os professores auxiliares sem formação profissional específica deveriam aprender na prática com os professores regentes, que eram titulados.

Posteriormente, os movimentos da década de 1920 culminaram com o "Manifesto de 1932". Constam, nesse manifesto, os indicativos para um projeto de educação nacional, incluindo a criação de um sistema de ensino público, laico e para todos os cidadãos brasileiros. Ressaltamos que o movimento da escola nova iniciado no final do século XVIII, na Europa e nos Estados Unidos, encontrava eco no Brasil entre alguns educadores, como Anísio Teixeira e Lourenço Filho. O ideário escolanovista* foi abraçado especialmente nas escolas normais. Mais tarde, com as reformas de ensino e com a criação do Instituto Nacional

---

* A *escola nova* tem como fundamento a oposição às práticas pedagógicas tidas como tradicionais; visa a uma educação ativa pela crença no ensino centrado na criança e não no professor; valorização do método de ensino como maneira de se melhorar a educação, integrar o indivíduo na sociedade e, ao mesmo tempo, ampliar o acesso de todos à escola.

de Pesquisas Educacionias – Inep, ampliou-se a difusão das proposições da escola nova.

Porém, a falta de professores titulados e o ingresso de professores por indicação de políticos influentes continuam a acontecer no decorrer desse período. Ainda é preciso que destaquemos que o ensino normal era de dois níveis: o normal regional, destinado para formar professores para as escolas rurais, e o normal secundário, para formar professores para os grupos escolares.

Entre as décadas de 1960 e 1980, o Brasil encontrava-se sob a vigência da ditadura militar. As reformas de ensino definidas pela Lei nº 5.540/1968 e pela Lei nº 5.692/1971, para o ensino superior e o ensino de 1º e 2º graus, respectivamente, estabeleceram, entre as principais medidas, a departamentalização da organização universitária, as licenciaturas curtas, o núcleo comum na estruturação curricular, o ensino profissionalizante no 2º grau e a iniciação para o trabalho no 1º grau. Em decorrência, a adoção do planejamento científico baseado na divisão e racionalização de trabalho de Taylor e Fayol fragmentou o trabalho do professor. Trata-se da tendência tecnicista, que separou o trabalho no interior da escola entre os que planejam e os que executam, intensificando a utilização dos recursos tecnológicos no ensino. Para Candau (1987), essa proposta realizada na escola, principalmente nos anos 1970, concebia o professor como um "técnico do ensino".

A rejeição a esse modelo intensifica-se nos anos 1980. No bojo do movimento estava o restabelecimento do processo de governo democrático no Brasil. O movimento de professores articula-se com o conjunto das lutas da sociedade brasileira e decorre de uma série de protestos que reivindicavam melhoria de condições de trabalho e salário. A reformulação dos cursos normais de nível médio, a extinção das licenciaturas curtas, uma nova organização dos cursos de nível superior de licenciaturas e de pedagogia foram alvo de debates e pesquisas, bem como o estabelecimento de grupos de estudos para organizar as novas propostas.

Nos debates nacionais sobre a profissionalização docente, as questões destacadas têm sido, principalmente, a desvalorização e descaracterização profissional. Os baixos níveis salariais, o exercício da docência por pessoas sem a formação e a qualificação necessárias, com condições de trabalho muitas vezes insuficientes, constituem a pauta das constantes reivindicações.

A partir da década de 1990, com a reestruturação da sociedade, com a globalização da economia, a expansão acelerada de novas tecnologias, o enfraquecimento do estado de bem-estar social, as incertezas econômicas, a precarização do emprego com a possibilidade de demissão e a fragilização da organização dos trabalhadores, houve, em decorrência, a instabilidade da vida nas cidades e no campo, ampliando os conflitos e as contradições no interior da escola.

Além disso, a reorganização do trabalho passou a exigir dos trabalhadores melhor desempenho, com a utilização de um conhecimento que, além do fazer, inclui também a criação, a decisão. Essas novas formas de organização da produção e do trabalho, com a intensificação do uso das tecnologias informacionais, de novas formas de gestão e de competição, potencializam a capacidade produtiva dos trabalhadores. Dessa forma, temos sido mais cobrados na promoção de mais aprendizagem em menor tempo, com menor custo.

Somemos a essas novas exigências do trabalho a necessidade de reestruturação da profissionalização do professor nas atuais políticas educacionais, que passaram a exigir maior titulação, cursos de aperfeiçoamento e de pós-graduação, como também participação em programas de formação continuada. Essa exigência de maior titulação está expressa na nova Lei de Diretrizes e Bases da Educação Nacional, Lei nº 9.394/1996. Em decorrência, os professores precisam conciliar sua jornada de trabalho e investir na sua formação, ou seja, a ampliação dessas exigências não tiveram a mesma garantia de condições para a sua efetivação.

No entanto, apesar do conjunto de exigências, a utopia de ser um profissional compromissado com a melhoria da educação, crítico, competente, ético e cidadão, contribuindo para a construção de uma sociedade mais solidária, justa e igualitária – com o propósito da educação democrática – mantém-se como meta do movimento docente, mas é fundamental que nessa pauta estejam incluídas as reivindicações por condições necessárias para a sua concretização.

Veja que repensar a experiência educativa como um processo construtivo, aberto, permanente, que articula saberes com as práticas realizadas nos diferentes espaços escolares, implica discutir as metas já descritas. Saberes e práticas não são dados extraídos da teoria e do discurso pedagógico ou meras prescrições; são, antes, construções que têm uma historicidade nas lutas dos professores, no enfrentamento dos problemas da sala de aula.

Vivemos um momento histórico de muitos paradoxos. O aumento do acesso ao conhecimento, a geração de mais riquezas, não geram melhores condições de vida para todos; o avanço científico e tecnológico tem contribuído para a destruição das reservas e recursos naturais; a ampliação da escolarização não tem produzido na mesma proporção o respeito à diversidade cultural e étnica; ao mesmo tempo em que os países tornam-se mais democráticos, enfrentam maior enfraquecimento da institucionalização do Estado.

Esses paradoxos apontam para novos desafios, tais como a diminuição da miséria e pobreza, da marginalização científica e tecnológica. As mudanças pressupõem valorização das diferentes culturas, preservação ecológica, respeito à ética e à dignidade humana, entre outros[17].

Diante desse quadro, a educação tem papel social e político fundamental. Você já refletiu sobre qual é a contribuição da educação na disseminação do conhecimento como objeto de reflexão da prática social para a formação dos cidadãos?

E nós, professores, estamos todos desafiados a participar dessa tarefa, tanto na constituição da identidade profissional como numa ação pedagógica que tenha por norte o enfrentamento dos problemas do cotidiano escolar, como na criação de alternativas no debate de proposições para a construção de uma nova prática social.

1.3 Valorização profissional

Consideramos importante refletir sobre algumas questões atinentes à nossa profissionalização, como o significado de ser um profissional da educação, e quanto à sua atuação na sociedade brasileira. Como desenvolvemos nossa profissionalização e quais são os principais problemas de nossa profissão?

Nos dicionários, a palavra *profissão* é definida como ato de professar, declarar publicamente seu pensamento e suas ações. O termo refere-se ao gênero de trabalho habitual de uma pessoa, a ocupação da qual se obtém recursos para prover a subsistência. Portanto, o significado de *profissão* engloba o fazer, o pensar e o declarar sobre o que se faz. Representa, ao mesmo tempo, o meio que cada sujeito produz para sua própria subsistência.

Destacam Altet, Paquay e Perrenoud (2003) que "o profissional é a mulher ou o homem, o oposto do amador ou do desinteressado, isto é, alguém competente, legítimo e remunerado por seus serviços e seus trabalhos". Geralmente, atribui-se o termo *profissional* na transformação do ofício em profissão.

Para o exercício profissional pressupõe-se uma formação, o saber provido de conhecimento específico. Caracteriza-se como um profissional do conhecimento, portanto. A qualidade de sua ação exige um longo período de formação em conhecimento especializado, conhecimento das ciências (história, geografia, matemática etc.) e pedagógico. O professor completa sua formação com o conhecimento que advém da prática. Espera-se, sobretudo de todos nós, responsabilidade, compromisso com seus alunos, com a instituição e com seus companheiros.

A profissionalização é um processo permanente de construção e não se restringe à aquisição, é uma conduta. O reconhecimento social depende de inúmeros aspectos e envolve o próprio professor, a comunidade dos alunos e pais, as mantenedoras, os colegas e sua mobilização e organização. Na definição de uma profissão, o saber profissional necessita da aprovação do sujeito a que se direciona a ação realizada. A decisão sobre o que fazer é de quem realiza o trabalho, garantindo a autonomia profissional. Quanto menos rotineiro e mecânico for o trabalho, maior é o estatuto profissional de quem o realiza. Igualmente, são características no estabelecimento de uma nova profissão uma regulação pelo Estado, determinando as exigências de aceite ao quadro de profissionais daquela categoria e as estratégias de organização coletiva.

Você já deve saber que uma das marcas fundamentais da profissionalização é a ciência, ou seja, os conhecimentos científicos atribuem validade a um campo profissional especializado, expresso de modo neutro e absoluto. Observe que, contraditoriamente, na profissionalização dos professores, os cientistas – produtores do conhecimento – afastam-se do ensino básico e passam a compor outra categoria profissional, ou seja, no desenvolvimento profissional dos docentes a especialização gera um afastamento das atividades de ensino.

Sabemos que o debate sobre a profissionalização docente enfatiza os movimentos de resistência para fugir da proletarização, uma luta para poder obter prestígio, *status* e uma remuneração que se aproxime daquelas dos demais profissionais (Contreras, 2002).

No desenvolvimento do estatuto de valorização profissional, o quadro proposto por Nóvoa (1995) apresenta uma síntese do desenvolvimento histórico da profissionalização docente em Portugal, no qual parece haver semelhanças quanto aos estágios de desenvolvimento profissional dos professores nos demais países.

Quadro 1 – Desenvolvimento da profissão de professor

Estatuto social e econômico dos professores	Conjunto de normas e valores
1ª etapa	Exercício profissional da atividade docente como ocupação principal ou em tempo integral.
2ª etapa	Estabelecimento de um suporte legal para o exercício da atividade docente.
3ª etapa	Criação de instituições específicas para a formação de professores.
4ª etapa	Constituição de associações profissionais de professores.

Fonte: Nóvoa, 1995, p. 20.

Além dessas etapas, a profissionalização abrange, como condição para o exercício do ofício de professor, um conjunto de conhecimentos e técnicas que lhe permita o domínio da teoria pedagógica e da ciência específica, objeto do ensino e da prática docente, assim como conjunto de valores éticos e normas autológicas que regem a função docente.

Possuir valorização e prestígio social, usufruindo uma situação econômica digna, é, igualmente, condição para o exercício profissional. Esse conjunto de condições é essencial para o cumprimento da missão confiada aos professores.

Para refletirmos: Quais as etapas e dimensões em que os professores se encontram? Como estão organizados? Que conhecimentos possuem? Qual seu prestígio social?

Convidamos você a realizar uma investigação em uma escola e verificar o quadro de formação existente:

1. Como está a situação de formação dos professores dessa escola?
2. Como é a jornada de trabalho dos professores na escola?
3. Quantos turnos de trabalho cada professor exerce?
4. Qual é a condição de remuneração?
5. Diante dessas questões, construa um quadro que mostre a situação da escola investigada, quanto à profissionalização docente.
6. Elabore um texto que analise a situação do ensino em uma escola e, especialmente, quanto à profissionalização docente.

As políticas educacionais a partir dos anos 1990, segundo Oliveira (2004), apontam para a expansão dos sistemas de ensino em países populosos e com altos níveis de desigualdade social. Para a efetivação dessa expansão, o investimento financeiro não é proporcional ao necessário; em decorrência, são adotadas estratégias de gestão e financiamento de programas nacionais com base em voluntariado e participação comunitária, e mesmo a opção da participação da iniciativa privada na oferta de ensino.

Destaca Oliveira (2004) que as reformas do ensino e da formação de professores dos anos 1990 buscam padronizar e massificar alguns processos administrativos e pedagógicos, na perspectiva sistêmica, permitindo baixar custos e gastos. O modelo de gestão escolar adotado toma por base o planejamento e controle central na definição de políticas, associados à descentralização administrativa na implementação dessas políticas. Afirma a autora que a expansão da educação básica realizada dessa forma sobrecarrega o nosso trabalho.

As políticas de centralização e avaliação do desempenho da escola nos atribuem a responsabilidade pelo êxito ou insucesso dos programas governamentais. No cotidiano, passamos muitas vezes a ter que desempenhar outras atividades, além da docência. Essas tarefas contribuem para um sentimento de desprofissionalização, conduzindo à desqualificação e desvalorização.

A proletarização está associada à perda de controle de nosso processo de trabalho. A profissionalização constitui condição de preservação e garantia de um estatuto profissional. Ela expressa possibilidade de defesa contra os processos de perda de autonomia em nosso trabalho e de desqualificação, como aponta Oliveira (2004), fundamentada nos estudos de Enguita*.

Além disso, a inclusão da comunidade no processo de gestão escolar apresenta um paradoxo. De um lado favorece a inclusão dos membros da comunidade na escola, mas por outro parece indicar que não há necessidade de uma formação profissional para atuar nos sistemas educacionais. Em decorrência, amplia a nossa desvalorização.

Outra perspectiva dessa desvalorização profissional pode ser estabelecida pela liberação de nosso trabalho com o uso de ferramentas, como manuais didáticos, recursos tecnológicos e as mídias, quando esses recursos empobrecem a abrangência do conhecimento e a aula torna-se apenas um fazer sem reflexão e interação com o conhecimento universal.

Não podemos esquecer, ainda, o programa de certificação docente aprovado pelo Ministério de Educação, proposto em 2003, que consiste na realização, por meio de provas, de uma avaliação dos professores que estão nos sistemas de ensino. Os professores deveriam ser avaliados a cada dois anos e receberiam uma certificação dos resultados obtidos. A atual administração do MEC não está implementando essa proposta.

Segundo Freitas (2003), exames, premiações, bolsas não propiciam avanços na formação e profissionalização do

* Os estudos de Mariano Enguita focalizam a investigação e a formação do trabalhador e da classe trabalhadora, sua qualificação e profissionalização na perspectiva sociológica. Apontam que o reconhecimento de uma profissão é estabelecido também pelo prestígio social dela.

magistério. Ao contrário, a certificação dos professores pode vir a ser prejudicial, reforçando a competitividade e aprofundando a individualização ao responsabilizar o professor pelo sucesso e fracasso dos alunos. Diz a autora que a certificação "Contribuirá certamente para instalar uma concepção de trabalho docente de caráter meritocrático, para instaurar/acirrar o clima de 'ranqueamento' e competitividade". Esse clima não condiz com o processo de construção de um projeto de educação coletivo, solidário e democrático indicado nas novas alternativas para a formação de nossas crianças, jovens e adultos.

Tudo isso soma-se à precarização do trabalho docente, além dos baixos níveis salariais. A profissionalização exige o exercício da autoridade e jurisdição sobre uma área de atividade e de reconhecimento público dos usuários desse serviço. A falta de rigor na exigência de requisitos para o exercício da docência, os baixos níveis de titulação, a falta de autonomia para a organização do trabalho, o controle sobre recrutamento, formação, títulos, o corporativismo e a manutenção de práticas desatualizadas contribuem para desmobilização em nosso favor.

Outra vertente de análise apontada por Oliveira (2004) direciona-se para as mudanças ocorridas nas relações de trabalho e emprego. Verifica-se que é possível o crescimento econômico sem ampliar o número de empregos, o que preocupa, evidentemente, os trabalhadores. Desse modo, muitos de nós aceitam condições desfavoráveis de trabalho para manter o emprego.

Essas negociações incluem acordos de remuneração aquém das exigências de desempenho, acarretando na desvalorização profissional. Decorrem "mudanças significativas no padrão de uso e remuneração da força de trabalho e no avanço da desregulamentação do mercado de trabalho. A flexibilização dos contratos de trabalho e das legislações social e trabalhista, a queda nas taxas de sindicalização e o reduzido número de greves revelam o maior grau de autonomia das empresas" (Oliveira, 2004). A autora conclui que diante de tudo isso os professores sentem-se inseguros e desamparados.

Junto às condições precárias de trabalho está o aumento de contratos temporários, a desarticulação da organização sindical, o arrocho salarial. Um quadro cada vez menos animador para nós, professores.

A explicitação crítica da condição do professor aponta indicativos para a organização coletiva, criativa, provocativa, corajosa e esperançosa, de questões que no nosso dia a dia continuam a instigar o conflito e o debate entre os educadores e as educadoras, como propõe Paulo Freire (1996) na pedagogia para a autonomia.

Esse quadro de desolação tem sido objeto de debates e pesquisas. Os problemas crônicos são decorrentes de inúmeros fatores, tais como as condições de trabalho dos professores, e representam desafios às políticas governamentais e ao conjunto de pesquisadores e professores.

Para a garantia do direito à educação de qualidade pelo conjunto da população, *a construção da qualidade da educação formal constitui processo multifacetado. Requer, simultaneamente, condições escolares adequadas para o desenvolvimento de atividades pedagógicas, profissionalização do professor, democratização da gestão de política educacional, articulação entre os órgãos governamentais e sociedade civil, avaliação permanente, participação ativa das comunidades na gestão escolar.* (Weber, 2000)

O profissionalismo sustentado no desempenho técnico despolitiza o professor, produzindo a homogeneização da prática docente. Transforma-a num processo burocrático e controlado, com a consequente perda de autonomia e de participação social, em que as decisões administrativas desconsideram as características e o contexto existentes. Sendo assim, são decisões reguladoras.

A profissionalização é regulada por um conjunto de características. No nosso caso, incluem o espaço adequado para a aula, os recursos didáticos, as horas de trabalho em classe e no preparo das aulas, atualização, autonomia para as decisões em aula, dignidade, reconhecimento social e remuneração (Contreras, 2002).

A preocupação com a nossa autonomia é o fio condutor de uma rigorosa análise sobre as principais teorias sobre a profissionalização e o intelectual crítico. Entende Contreras (2002) que o desenvolvimento educativo dos professores e das escolas será resultado da democratização da educação, ou seja, da construção da autonomia profissional juntamente com a autonomia social. Compreender esse processo é um desafio aos professores, pois a explicitação do processo de profissionalização docente poderá contribuir para o desenvolvimento de movimentos de melhoria da educação.

No Brasil, atualmente, está sendo defendido o entendimento da importância de uma formação do professor em nível superior para as séries iniciais. No entanto, o modelo de curso criado, dos institutos superiores de educação, a ser realizado fora da universidade, foi alvo de questionamento por pesquisadores das políticas de formação de professores. Com a aprovação das novas diretrizes para o curso de Pedagogia, foi facultado aos cursos normais de nível superior transformar esses cursos em curso de Pedagogia. Atualmente, existem poucos ativos.

Esse modelo do curso normal foi avaliado nos países que optaram pela sua utilização. Entre os pontos críticos, como aponta Garrido (2001), está "não desenvolver a pesquisa, mas tão somente o ensino, comprometendo significativamente o conceito e a identidade do profissional a ser formado".

Segundo Freitas (2003), esses cursos realizam um currículo diferenciado dos demais cursos de formação de professores e ocorre uma diminuição de exigências na qualificação dos professores que os ministram. A legislação determina que apenas 10% dos professores tenham titulação nos cursos de pós-graduação, mestrado e doutorado. Nos demais cursos é de 30%. Além disso, a natureza do curso de técnico-profissionalizante, ou seja, a ênfase da formação, está direcionada para o fazer, para o desempenho técnico, característica que não determina uma formação sólida nos fundamentos da educação.

Numa outra perspectiva de análise, a partir da prática pedagógica, os múltiplos desafios se apresentam ao professor como complexos e passam a exigir novas respostas. As denúncias, os desabafos, os baixos salários e inúmeras outras situações revelam como a profissão docente tem sido alvo de desvalorização e desprestígio social.

De fato, não se trata de criar uma situação de mal-estar nessa questão, mas sim de não silenciá-la como se ela não existisse em nossa profissão.

Um amplo debate pode contribuir para a nossa participação nos movimentos de valorização e da profissionalização docente. Consulte seus colegas de profissão quanto a esses aspectos.

1.4 Prática e saberes docentes

Abordaremos agora a prática docente com ênfase nas principais concepções e nos atuais indicativos para o exercício da docência. Além disso, é necessário incluir os saberes que desenvolvemos nessa prática.

Nosso trabalho abrange funções pedagógicas, sociais e políticas, além da transmissão de conhecimento aos alunos. Para representar a essência da relação pedagogia-professor, escolhemos a proposta apresentada por Nóvoa (1992a), representada de acordo com a Figura 1.

Figura 1 – Relação pedagógica da docência

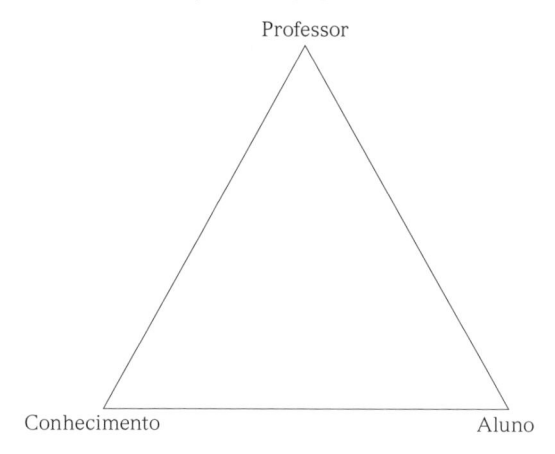

```
           Professor
              /\
             /  \
            /    \
           /      \
          /        \
         /          \
        /_____\
  Conhecimento      Aluno
```

Fonte: Nóvoa, 1992a.

A dinâmica da aula é centrada na relação permanente entre o professor e os alunos. A prática didática consiste na possibilidade do professor realizar a "ensinagem", como propõe Anastasiou (1998), um processo em que o professor, ao realizar o ensino, produz com os alunos a aprendizagem. A atividade docente é interativa, precisa da participação dos discentes para concretizar-se.

A função política da docência configura-se na relação entre o professor, as determinações das políticas governamentais e a comunidade escolar. De certa forma, na realização da formação cidadã dos alunos devemos fazer a mediação entre as intenções sociais do processo educativo e a comunidade. Na mesma perspectiva da triangulação proposta por Nóvoa (1992a), podemos representar essa função de acordo com a Figura 2:

Figura 2 – Relação política da docência

```
         Professor
            /\
           /  \
          /    \
         /      \
        /        \
       /_____\
   Estado      Comunidade
```

Fonte: Nóvoa, 1992a.

O conflito é permanente, pois estamos sempre procurando articular os objetivos educativos, a intencionalidade social da educação – estes determinados pelos sistemas de ensino – e as necessidades educacionais das comunidades escolares.

1.4.1 Enfoques da prática docente

Nossa prática na definição das intenções do ensino, no modo como a aula é organizada, nas atividades propostas, nos conteúdos selecionados, nos instrumentos e procedimentos de avaliação que empregamos e nas formas de relação entre nós e nossos alunos caracterizam os enfoques de ensino.

Essa prática docente realizada nas escolas caracteriza-se como tradicional, tecnicista, escola nova e sociocultural, de acordo com as relações entre conteúdo e forma, objetivo e avaliação, e é efetivada por nós nas escolas. Para abordar esses enfoques, ressaltamos os estudos de Mizukami (2003) e Martins (2003). Outros autores também têm apresentado estudos sobre essa temática, como Libâneo (2004) e Behrens (2005).

No **enfoque tradicional** a prática docente tem por objetivo a transmissão do conhecimento a ser assimilado pelos alunos. Esse enfoque toma por base o ensino enciclopédico na seleção dos conteúdos, sendo estes, geralmente, desvinculados do cotidiano dos alunos. A aula expositiva é o procedimento mais utilizado. Assim, o ensino enciclopédico, com base no método dedutivo e memorização dos conteúdos, é reforçado pela exposição dos professores durante as aulas. Esse processo centraliza o ensino no saber do professor. Em decorrência, a avaliação é rigorosa e centrada na reprodução dos conteúdos, sempre privilegiando a reprodução de informações, com perguntas do tipo "disserte sobre" ou "o que é?" A relação entre o professor e seus alunos é verticalizada e autoritária, uma aula com poucas perguntas, de preferência alunos em silêncio, calados, ouvindo o professor.

No **enfoque tecnicista** ocorre a valorização da técnica aplicada ao ensino, que enfatiza nossa atividade instrumental. A atuação instrumental exige o domínio da disciplina ensinada, o conhecimento de técnicas para direcionar as atividades didáticas e procedimentos de diagnóstico, assim como a solução de problemas da aprendizagem. Objetiva enfatizar o desenvolvimento de competências e atitudes para formar o profissional a atuar no mercado de trabalho. É fundamental a aprendizagem da prática, acentuando a especialização e o desenvolvimento de habilidades e competências.

Cabe aos alunos realizarem as atividades propostas por nós nos manuais didáticos. A avaliação examina o desempenho em testes, preferencialmente, padronizados segundo os objetivos de ensino estabelecidos. No caso de desempenho insuficiente, é realizado o reforço da aprendizagem e procedida nova avaliação.

Esse modelo caracteriza-se pela divisão do trabalho na escola; recebemos manuais de ensino e um planejamento pronto para aplicar nas aulas. As avaliações também são definidas por outros profissionais, e nós apenas as executamos. O trabalho docente centra-se no treinamento dos alunos para um bom desempenho. A racionalização é intensificada com a divisão de tarefas e hierarquização do trabalho.

A **escola nova** tem por objetivo promover a aprendizagem dos alunos de modo ativo. Nessa escola somos vistos como mediadores para promover essa aprendizagem. O aluno é o centro do processo escolar; nós, os facilitadores, artistas ou profissionais clínicos que devem empregar a sabedoria, experiência e criatividade para agir na promoção das condições de desenvolvimento para a aprendizagem dos alunos. A prática docente acontece na valorização das relações e dos processos cognitivos; nessa escola, nós mesmos somos considerados aprendizes.

Atualmente, o **enfoque construtivista**, fundamentado nos estudos piagetianos, compreende que o desenvolvimento é construído por interação entre sujeito e objeto, decorrente das sucessivas transformações de esquemas internos. A realização da aprendizagem toma por base a proposição de situações-problema para promover o processo de equilibração, sendo que devem ser corrigidas e complementadas as formas anteriores de desequilíbrio.

A interação sujeito-objeto, o processo de equilibração majorante, ou seja, a promoção da autorregulação, é constituinte da construção do conhecimento pelo sujeito. Essa interação oferece ao sujeito o poder de assimilar o objeto aos seus esquemas. Estas são formas de agir que podem conservar, ampliar e enriquecer pelo próprio processo de equilibração.

Para a construção da cognição, o método de ensino consiste em problematizar, por meio das ações sobre os objetos e sobre os conhecimentos, para que o próprio aluno possa reconstruir-se como aprendiz. A tomada de consciência de seu próprio processo de conhecer favorece a melhoria do processo de aprendizagem e desenvolvimento. A afetividade e a motivação são valorizadas na elaboração dos conceitos. A ênfase do ensino é o "aprender a aprender".

O **enfoque sociocultural** compreende a prática docente como reflexão para a reconstrução ou transformação social. Propõe o ensino como atividade crítica, em que nós atuaríamos para realizar a análise de suas atividades.

O enfoque crítico tem como principal meta contribuir para a mudança da sociedade. Os programas de formação de professores incluem discussões sobre os problemas da prática pedagógica e reconhecem como necessário defrontar a desigualdade social.

Duas vertentes fundamentais são constituídas na prática pedagógica. Uma delas tem por objeto de análise os problemas da prática a partir das contradições geradas na reestruturação da sociedade capitalista. Pressupõe como alternativas as geradas pelo processo de relações estabelecidas na sala de aula para o enfrentamento das contradições existentes. A outra busca como alternativas proposições advindas de programas definidos para a transformação social.

Para Paulo Freire (1996), é importante que o professor tenha consciência do que faz, por que faz e como faz; que estabeleça o confronto de como era a situação, como está sendo desenvolvida e como reconstruir para fazer coisas diferentes das que sempre faz. Trata-se de um processo coletivo, pois, isoladamente, as mudanças sociais e culturais não ocorrem. Todos os profissionais da educação, professores e especialistas, juntam-se ao processo de desenvolvimento para refletirem em grupo. Assim, rompe-se com o controle de tarefas planejadas em gabinetes para serem executadas nas salas de aula. O processo requer participação, envolvimento e clima de aprendizagem profissional, é um ato "baseado na compreensão da prática na aula e orientado para facilitar a compreensão e transformação da própria prática" (Pérez Gómez, 1998).

A teoria é decorrente da análise da prática, portanto as categorias da historicidade, totalidade, movimento e contradição são consideradas nas proposições, com a finalidade de transformação da prática (Martins, 2000).

Na atualidade, as proposições para a prática pedagógica incluem como princípios da atividade docente o respeito ao caráter ético da atividade de ensino, assim como a importância dos valores que regem a intencionalidade educativa apresentados durante o processo, como, por exemplo, a democratização da educação, o respeito à diversidade cultural e aos alunos portadores de necessidades especiais.

1.4.2 Os saberes docentes

A dinâmica da aula caracteriza-se pela nossa interação com os alunos, sendo mediada pelo conhecimento. Ensinar e aprender são processos direcionados para o mesmo objeto: o conhecimento; ambos envolvem a cognição e a relação entre sujeitos. É nesse processo dinâmico, contraditório e conflituoso que os saberes dessa prática profissional são construídos e reconstruídos.

Esses saberes constituem-se ao longo do processo de escolarização, dos cursos de formação e na prática profissional. São decorrentes do enfrentamento dos problemas da prática. Envolvem a relação dos professores com o conhecimento a ser ensinado, expresso nos manuais didáticos; a troca de experiências com os outros professores e profissionais da educação; a interação com os alunos; e advém, também, dos estudos realizados em curso. No trabalho diário da aula, em que se manifestam as contradições e os conflitos sociais, devemos também desenvolver saberes ao nos defrontarmos com essas contradições. Portanto, os saberes docentes são historicamente situados.

Esse processo permanente de elaboração do sujeito e do coletivo de sujeitos, no enfrentamento dos problemas da prática, resulta em saberes. Em decorrência, são aprendizagens para a mudança, se entendermos aprendizagem como respostas elaboradas pelos sujeitos aos problemas. Nesse caso, aprendizagem não é decorrente apenas de elaborações individuais. Os sujeitos em interação com o conhecimento, com a cultura, por meio da linguagem, da ação, da experiência, dos processos internos de elaboração do pensamento e do enfrentamento das contradições produzem outras respostas; em última instância, conquistam, produzem conhecimentos.

Os saberes docentes compõem-se por saberes da experiência, saberes pedagógicos e específicos; são saberes das lutas cotidianas. A relação entre eles pode ser representada de acordo com a Figura 3.

Figura 3 – Saberes da docência

Saber da experiência

Saber pedagógico   Saber específico

Fonte: Pimenta, 1999.

Os saberes da experiência são os conhecimentos adquiridos durante a prática. São os resultantes do fazer. Os saberes pedagógicos são aqueles que se referem aos conhecimentos da didática, da psicologia da educação, da sociologia da educação e das demais ciências educacionais. E os saberes específicos, por sua vez, são aqueles referentes aos conteúdos disciplinares (Martins, 2003).

Na análise dos saberes docentes, Martins (2003) afirma que a produção e sistematização de conhecimentos pedagógicos dos professores mantêm relação com a prática e são originados das contradições presentes nas escolas. Os saberes são contextualizados historicamente, realizados no cotidiano da escola, mas ela mesma está organizada e atende às exigências do contexto histórico em que se situa. Para que os professores possam compreender seus saberes, a prática precisa ser explicitada criticamente, revelando os problemas e as determinações que os originam. Esse é o processo coletivo. Portanto, os saberes docentes podem ser também resultados das resistências e, contraditoriamente, de respostas dos professores às exigências dos sistemas educacionais, que por sua vez, expressam as exigências sociais históricas.

Os estudos de Tardif (2002) apontam como características, para a análise do saber docente, considerar o trabalho do professor, a diversidade, a temporalidade, a experiência, o conhecimento humano e a formação docente. Em um quadro-síntese do saber docente temos: os saberes pessoais, os da escolarização, os da formação profissional, os provenientes dos livros didáticos e dos programas de ensino e os da própria experiência no trabalho. Portanto, são adquiridos por convivência com a família, no ambiente da vida cotidiana, na escola, nos sistemas de ensino, nos livros, com os demais professores, na sua própria sala de aula. Constituem a nossa história de vida, de nossa formação e da prática profissional.

Em decorrência, os saberes docentes assumem diferentes dimensões; podem ser conhecimentos, habilidades, fazeres sistematizados ao longo de nossa profissão, conquistados durante a escolarização. Provém de nossas práticas e dos estudos realizados por nós. Os saberes são singulares porque cada um de nós desenvolve um processo de trabalho e de conhecimentos próprios no ensino e ao longo da profissão.

Ressaltamos que os saberes docentes sofrem mudanças ao longo da carreira docente. Nas pesquisas realizadas por Souza (2005), foi evidenciado que os professores iniciantes estão mais preocupados em sistematizar os conteúdos de ensino. No decorrer da carreira, depois de mais de cinco anos de magistério, a aprendizagem dos alunos é que direciona as reflexões dos professores.

Além dos saberes construídos em nossa prática, dispomos de um conjunto de saberes que utilizamos nas aulas sem que tenhamos sido nós os sistematizadores, tais como os manuais de ensino.

A respeito dos estudos sobre saberes, Pacheco (2003) destaca alguns tópicos necessários a nós:

a) conhecimento dos conteúdos;
b) conhecimento pedagógico geral, com especial referência para aqueles princípios amplos, estratégias de ensino e condução da aula. Incluem-se os modelos pedagógicos, tais como a demonstração de um método e o processo de contar uma história;
c) conhecimento curricular e as concepções de ensino, com particular ênfase para as metodologias e os materiais didáticos;
d) conhecimento dos alunos e suas características, incluindo a gestão da sua aprendizagem, individualmente ou em grupo;
e) conhecimento dos contextos educativos: âmbito de trabalho de grupo a que pertence; gestão e financiamento; características das comunidades e culturas em que a escola está inserida;
f) conhecimento dos fins educativos, propósitos, valores e seus significados históricos e filosóficos.

Na perspectiva projetiva, ou seja, quanto aos nossos saberes para os tempos atuais, Libâneo (1998) indica como necessário:

a) assumir o ensino como mediação: aprendizagem ativa do aluno com a ajuda pedagógica do professor;
b) modificar a ideia de uma prática disciplinar, fechada, para uma prática interdisciplinar;
c) conhecer e utilizar estratégias do ensinar a pensar, "ensinar a aprender a aprender";
d) persistir no empenho de possibilitar aos alunos a busca por uma perspectiva crítica dos conteúdos, a se

habituarem a aprender as realidades enfocadas nos conteúdos escolares de forma crítico-reflexiva;
e) praticar um trabalho de sala de aula numa perspectiva comunicacional, desenvolvendo capacidades comunicativas;
f) observar o contexto da sala, dos alunos, quanto à diversidade cultural, respeitando-os em suas diferenças;
g) investir na atualização científica, pedagógica e cultural, ou seja, estar permanentemente em formação;
h) incluir a perspectiva afetiva no exercício da docência;
i) considerar a ética na sua atuação, bem como procurar desenvolvê-la junto aos alunos;
j) estar atento às possibilidades das novas tecnologias da comunicação e da informação, refletindo sobre seu emprego e possibilidades na melhoria das aulas.

Podemos dizer que os referenciais apresentados não constituem modelos, mas podem ser considerados como indicativos para o debate em que consistem os saberes da prática docente. Devemos produzir nosso ofício, sem perdermos de vista a busca da melhoria do ensino; ser bom professor é saber fazer bem (Rios, 2000). O reconhecimento advém da participação na promoção do bem comum, ação com responsabilidade, compromisso e consciência.

Que preocupações têm os professores sobre a prática pedagógica?

Em estudo realizado por Romanowski, Martins e Wachowicz (2005) sobre os problemas elencados pelos professores em sua prática pedagógica, encontramos as dificuldades e distúrbios de aprendizagem dos alunos e as práticas de inclusão de portadores de necessidades especiais, assim como as questões de afetividade, de ludicidade e de disciplina escolar. A subjetividade do aluno tem importância ressaltada; muitos professores indicaram essa preocupação.

Outra questão de grande importância relaciona-se à alfabetização. Entre as preocupações destacadas pelos professores nessa questão, estão, principalmente, maneiras de como realizar o processo de alfabetização na perspectiva de Emília Ferreiro*. Incluem-se ainda as preocupações de como desenvolver o processo de alfabetização em geometria, os procedimentos para iniciar a alfabetização na pré-escola e como trabalhar o texto na perspectiva da alfabetização.

A bibliografia é rica no Brasil, no que concerne à prática da alfabetização. Destacam-se as proposições realizadas nos anos 1980 em alguns estados brasileiros. No Paraná, foi elaborado o *Currículo Básico*, primeiramente por equipes de assessoria às escolas na rede municipal de Curitiba, com as orientações metodológicas oriundas da prática profissional dos professores e a elas voltando *in loco*, nas escolas, pela forma de grupos de estudo. As discussões chegavam a um nível crítico, por exemplo, no caso de Emília Ferreiro, que criou uma importante metodologia de alfabetização com base em Piaget

---

* Emília Ferreiro, psicolinguista argentina, doutorou-se na Universidade de Genebra, sob a orientação do epistemólogo Jean Piaget, num campo que ele próprio não havia estudado: a escrita.

e veio ao Brasil pessoalmente divulgá-la nesse período. A crítica a essa proposta surgiu no interior do próprio grupo do *Currículo Básico* no Paraná, que estava em contato com as obras de Vygotsky, editadas no Brasil a partir dos mesmos anos 1980. Foram grandes e memoráveis os debates sobre alfabetização e letramento. A linguística também avançou muito no Brasil, configurando-se como uma das áreas mais pesquisadas nas universidades.

Entretanto, as universidades e instituições de ensino superior públicas sofreram nos anos 1990 um esvaziamento proveniente da política neoliberal do Governo Federal e mais uma vez foi possível constatar que a concepção do governo sobre a educação reflete-se no cotidiano de suas ações junto às instituições de ensino. A diminuição da pesquisa sobre essa temática acabou por esvaziar aqueles grupos de estudo que articulavam a produção de práticas de alfabetização na universidade e na escola. Portanto, para os professores da educação básica a problemática da alfabetização continua como um desafio a ser enfrentado.

A avaliação da aprendizagem escolar aparece como uma problemática traduzida em questões de como realizá-la no ensino fundamental, como recuperar os alunos e as consequências da avaliação.

Com efeito, o problema da avaliação está sempre presente em nossa prática. E esse problema expressa as contradições sociais. Na literatura pedagógica recente encontramos indicativos teóricos que ajudam a pensar esses desafios (Romanowski; Wachowicz, 2004).

Há, nos conteúdos curriculares, outras preocupações dos professores: entorpecentes; expectativa da morte; leitura, escrita e letramento; educação física; psicomotricidade; brinquedo, dança, jogos em geral, inclusive matemáticos, xadrez; literatura; cidadania; aprendizagem de língua estrangeira moderna; corporeidade; educação ambiental; educação sexual e gravidez na adolescência; religião na história, materiais específicos, como os de Cousinaire* em matemática, geometria, conteúdo associado à forma no ensino de ciências; relação *comunicação e matemática*; linguagem oral e relações de comunicação; a formação de conceitos específicos, como "medidas" por exemplo.

Com isso, verificamos que as preocupações com a prática docente incluem aspectos da alfabetização, da avaliação e da afetividade. Inclui, também, os problemas de conteúdo, gestão escolar, dificuldades de aprendizagem, formação docente, inclusão dos portadores de necessidades especiais, interdisciplinaridade, inovações metodológicas e projeto político-pedagógico da escola.

A afetividade abrange aspectos da emoção e da motivação que interferem na autoestima, no déficit de atenção, na hiperatividade, na disciplina e principalmente no processo de aprendizagem, interferindo no resultado. Em decorrência, gera o fracasso escolar e a indisciplina. Um ambiente familiar e escolar de hostilidade, repressão e punição resulta em consequências no desenvolvimento afetivo da criança, o que desencadeia desajustes.

* Os materiais Cousinaire são destinados ao ensino de matemática. Constam de barras para o sistema de numeração, blocos e jogos.

O problema da gestão escolar desdobra-se em questões em torno da coordenação pedagógica para dificuldades de aprendizagem, como a abordagem participativa na gestão, o geoespaço na sua relação com a aprendizagem, a dicotomia entre o orientador educacional e o gestor escolar, o psicopedagogo na escola (como parte da equipe pedagógica).

Esses aspectos também incidem sobre a disciplina e indisciplina na escola, que antes arrolamos na problemática da afetividade. Por sua frequência, veremos como essa questão (da disciplina e indisciplina) pode apresentar-se desde a alfabetização até o projeto político-pedagógico.

A questão das dificuldades de aprendizagem é bastante recorrente. Suas abordagens são muito específicas e algumas delas já foram arroladas na problemática da afetividade, como a dislexia, distúrbios de aprendizagem, estímulo à aprendizagem da criança de 0 a 2 anos, surdez, deficiências mentais, deficiências físicas, paralisia cerebral, deficiência visual, deficiência auditiva, esquizofrenia, síndrome de Down, leitura em *Braille*, artes e educação inclusiva.

Vemos como essa problemática pode ser tratada como inclusão, e, novamente, recorremos à literatura específica, na qual tanto as dificuldades de aprendizagem quanto a inclusão são apresentadas na perspectiva da educação para a diversidade (Machado, 2004), uma vez que somos diferentes uns dos outros.

Finalmente, as atuais inovações pedagógicas, como a metodologia de projetos, a interdisciplinaridade, a aprendizagem significativa e o projeto político-pedagógico, ainda que pouco frequentes, aparecem como tema de estudo por nós realizado. Portanto, a prática pedagógica articula-se com os temas de investigação ao mesmo tempo em que os estudos expressam as nossas preocupações em um âmbito completo e abrangente.

O estudo dessas preocupações referenda a compreensão da complexidade com que é tecida a prática docente. Confrontamo-nos na escola com um conjunto de problemas de natureza diferenciada, mas articulados aos conflitos sociais.

Para a construção da prática, cada vez mais pertinente, as ações definidas coletivamente são possíveis de responder a esses desafios e problemas.

Síntese

Neste capítulo você pôde conhecer um pouco da história da profissão de professor no Brasil e em outros países, bem como perceber que as lutas pela valorização da classe vêm de longa data e que as discussões acerca de como melhor desenvolver essa profissão estão longe de um final.

O capítulo ainda trouxe algumas concepções atuais para o exercício da docência: tradicional, tecnicista, escolanovista, construtivista, sociocultural e crítico.

Vamos agora revisar, fazendo alguns exercícios?

Atividades de autoavaliação

1. Sobre a profissão de professor NÃO se pode afirmar:
   a) O professor é a soma de experiências realizadas no cotidiano, referenciadas cultural e historicamente.

b) O professor é basicamente reconhecido como profissional da área da educação quando exerce atividade nos sistemas de ensino.

c) É preciso gostar da profissão, pois, queiramos ou não, ela envolve sentimentos.

d) O ensino pode e deve ser realizado mecanicamente.

2. A partir do que você leu neste capítulo, é correto afirmar:

a) O professor deve, antes de tudo, estar atento para perceber o que os seus alunos não sabem.

b) O ato de ensinar é ambivalente, ou seja, o professor é o que ensina, e o aluno, o que aprende.

c) Autonomia e liberdade são apresentadas como sinônimas.

d) A profissão de professor tem um estatuto reconhecido socialmente.

3. Sobre a formação do profissional professor são corretas as afirmações:

I) Há profissionais no exercício da profissão sem ao menos terem concluído o ensino médio.

II) As políticas governamentais de todas as esferas contemplam a carreira e a profissionalização do professor em condições desejáveis.

III) O Brasil acompanha o que é feito em outras nações no que diz respeito à profissionalização do professor.

IV) A LDBEN de 1996 determina como desejável que todos os professores tenham o nível superior.

a) II e III.
b) I e III.
c) II e IV.
d) I e II.

4. No que diz respeito à profissão de docente no mundo, é correto afirmar:

   I) No Egito o falar bem consistia no conteúdo e no objetivo do ensino.

   II) A retórica fazia parte do ensino na Grécia Antiga.

   III) A escola de Roma se diferenciava das duas anteriores.

   IV) O *Ratio Studiorum* era um conjunto de regras de conduta e instruções.

   V) Uma formação sólida humanista-cristã e com ênfase na retórica era característica da educação formal no período de colonização do Brasil.

   a) I, III e IV.
   b) I, II e IV.
   c) II, III e IV.
   d) I, II e V.

5. Referente à prática do docente NÃO podemos afirmar:

   a) O enfoque do ensino é caracterizado por nossa prática, intenções, modo como organizamos a aula, as atividades que propomos e os conteúdos selecionados.

   b) A prática docente pode ser definida como tradicional, tecnicista, escola nova e sociocultural, dependendo das relações entre conteúdos e objetivos das escolas.

c) O enfoque tecnicista valoriza o ensino tecnológico, no qual o aluno é o foco da atenção e seu objetivo é trazer para o discente a inclusão digital.

d) A avaliação, no enfoque tradicional, é rigorosa e centrada na produção dos conteúdos, privilegiando a reprodução das informações.

Atividades de aprendizagem
Questões para reflexão

Retomamos aqui duas questões já colocadas para que você elabore um texto com base nas reflexões que elas trazem:

1. Qual é a contribuição da educação na disseminação do conhecimento como objeto de reflexão da prática social para a formação dos cidadãos?

2. Qual o significado de ser um profissional da educação, quanto à sua atuação na sociedade brasileira?

Atividades aplicadas: prática

1. Convidamos você a escolher uma das atividades propostas a seguir. Realize a sua escolha de acordo com as questões que mais contribuírem para a melhoria de sua prática profissional.

    a) **Descrevendo a prática docente.** Se você já é professor, elabore a indicação de dez atividades básicas da prática docente que você realiza. Depois identifique o enfoque adotado em sua prática docente. Justifique essa identificação. Se você não é professor, entreviste um. Depois da entrevista faça uma síntese da fala do entrevistado e identifique qual é o enfoque da prática desse professor.

b) Investigue alguma música, filme ou obra literária (poesia) que aborde problemas da escola. Faça uma análise crítica; identifique o enfoque da prática presente nessa situação e depois apresente algumas proposições para intervenção na mesma. Se quiser, ilustre seu texto.

c) Descreva sua escolarização. Identifique os saberes de sua prática profissional, decorrentes da história de sua formação. Enfatize os aspectos fundamentais da relação professor-aluno.

Depois de todas essas atividades, temos certeza de que é possível compreender que cada professor possui uma prática pedagógica construída durante a sua formação e atuação profissional contextualizada historicamente.

2. Convidamos você a realizar uma investigação em uma escola e verificar o quadro de formação existente:

- Como está a situação de formação dos professores dessa escola?
- Como é a jornada de trabalho dos professores na escola?
- Quantos turnos de trabalho cada professor exerce?
- Qual é a condição de remuneração?

a) Diante dessas questões, construa um quadro que mostre a situação da escola investigada quanto à profissionalização docente.

b) Elabore um texto que analise a situação do ensino em uma escola e, especialmente, quanto à profissionalização docente.

Capítulo dois

Formação inicial do professor: cursos e determinações legais

Neste segundo capítulo do livro, apresentamos os aspectos referentes aos processos de formação dos professores.

Iniciamos com uma síntese histórica sobre os cursos de formação de professores; na sequência expomos as atuais tendências e processos formativos para a docência, a formação inicial, continuada e a distância, bem como indicamos os estudos que realizam um balanço das pesquisas sobre a formação de professores no Brasil.

2.1 Evolução dos cursos de formação de professores no Brasil

Apresentamos uma breve descrição histórica da constituição da profissão docente. Para a elaboração do texto, foram consultadas as publicações de Tanuri (2000), que investiga e analisa a história do curso normal no Brasil; Brzezinski (1996) e Silva (1999), que abordam o curso de Pedagogia; Pereira (2000) e Romanowski (2002), que tratam de aspectos históricos dos cursos de licenciaturas e Vianney, Torres e Silva (2003), que apresentam indicativos sobre cursos de formação a distância.

2.1.1 O curso normal

No Brasil, a primeira escola normal foi a da província do Rio de Janeiro, em 1835. No entanto, a preocupação com a seleção de professores para atuar nas escolas públicas era anterior à existência dos cursos de formação. Em 1772, um alvará real regulamentava os exames a que deveriam ser submetidos os professores de ensino elementar em Portugal e em seus domínios.

Depois de criada, a primeira escola normal foi instituída em várias províncias. Em Minas Gerais foi criada em 1835;

Bahia, em 1936; São Paulo, em 1846; Pernambuco e Piauí, em 1864; em Alagoas, em 1864; São Pedro do Rio Grande do Sul, em 1869; no Pará e em Sergipe, em 1870; no Amazonas, em 1872; no Espírito Santo e no Rio Grande do Norte, em 1873; no Maranhão e Mato Grosso, em 1874; no Paraná, em 1876; em Santa Catarina e no Ceará, em 1880; em Goiás, em 1882 e na Paraíba, em 1884.

Entretanto, nem todas essas escolas passaram a funcionar regularmente a partir do ano de sua criação; algumas funcionavam num ano e no seguinte suspendiam o curso. A maioria delas passou a funcionar regularmente após a Proclamação da República, em 1889. Além disso, nesse período, os professores eram contratados mais pelo seu prestígio social e político do que por sua formação.

A formação ofertada por essas primeiras escolas normais priorizava um currículo centrado nos conteúdos da escola primária e incluía formação pedagógica em uma disciplina denominada *pedagogia* ou *métodos de ensino*. O curso tinha duração de dois anos e era ministrado por um ou dois professores para todas as disciplinas propostas. Como afirma Tanuri (2000), era um curso rudimentar, "não ultrapassando o nível primário e o conteúdo dos estudos primários (...) de caráter essencialmente prescritivo".

A maioria dos cursos estava vinculada às províncias; apenas na Corte foi criada uma escola normal particular. No final do Império a maioria das províncias tinha mais de uma escola normal, ainda que contasse com poucos alunos (Tanuri, 2000).

Nesse período, a formação do professor não era considerada vital para o exercício do magistério, o que ocasionou pouca procura por esses cursos. O insucesso das escolas normais e os poucos resultados produzidos conduziram os dirigentes a não considerarem esses cursos como espaços para a formação de seus quadros de professores, preferindo realizar concursos para professores sem formação regular, geralmente nomeando pessoas de prestígio social na comunidade. Somemos a esse procedimento um outro modo de preparar professores, que consistia na indicação de professores adjuntos. Esses adjuntos permaneciam por algum tempo com professores experientes para realizarem a sua formação e a iniciação no ofício; era uma formação guiada pela reprodução da prática.

Nesse período, o exercício da atividade docente resumia-se na conclusão das tarefas propostas pelos manuais de ensino, tornando as aulas rotineiras, predeterminadas, fragmentadas e descontextualizadas.

Posteriormente, por intervenção de Rui Barbosa*, vários projetos foram idealizados para a valorização das escolas normais, pois, para intelectuais como ele, o professor deveria ter uma formação adequada. Destacamos, ainda, que as primeiras escolas normais eram destinadas exclusivamente para alunos do sexo masculino.

* Rui Barbosa era formado em Direito. Após a formatura, em 1870, fez carreira na tribuna e na imprensa, abraçando a causa da abolição da escravatura. Deputado provincial, escolhido para ministro da fazenda do Governo Provisório, respondeu, durante algum tempo, pela pasta da justiça.

> *Apresentamos algumas questões para sua reflexão: Na sua região, como foram formados os primeiros professores? Se você tiver oportunidade de obter alguns dados sobre a história da criação das instituições escolares em sua região, envie-nos esses dados. Quem sabe possamos formar um texto coletivo com dados históricos sobre a instalação dos estabelecimentos de ensino.*

Durante o século XX, a escola consolidou-se como promotora da difusão do conhecimento e do desenvolvimento social e cultural da humanidade. A exigência da criação de escolas para todas as crianças passou a integrar todas as propostas de bem-estar social de organização do Estado. Os movimentos pela valorização da educação e escolarização da população foram intensificados, incluindo a preocupação com a formação dos professores.

No Brasil, foram realizadas várias reformas de ensino na década de 1920. As reformas nos cursos normais foram idealizadas e propostas por Lourenço Filho, no Ceará; Anísio Teixeira, na Bahia; Carneiro Leão, em Pernambuco; Fernando de Azevedo, no Distrito Federal; Francisco Campos e Mario Casassanta, em Minas Gerais; Lysímaco Ferreira da Costa, no Paraná.

Essas reformas trouxeram um novo significado para a prática docente, pois foi atribuído ao professor formar as crianças e os jovens para a vida urbana, para o trabalho nas novas indústrias, contribuindo para a promoção do desenvolvimento econômico, social e cultural. A crença na possibilidade da disseminação do conhecimento científico como esteio do progresso perpassava o ideário das políticas públicas.

Esses novos professores exigiam uma formação. Em decorrência, foram propostas reformulações dos cursos normais, o que incluía a ampliação da duração para quatro anos e um novo plano de estudos com um currículo organizado em dois blocos de conteúdos fundamentais: um de caráter propedêutico e outro profissionalizante. As metodologias específicas passaram a ser abordadas como metodologia da leitura escrita, do vernáculo, da aritmética, das ciências naturais, da geografia, da música, dos exercícios físicos e dos trabalhos manuais. Entre os currículos exemplares figurava o do Instituto de Educação do Paraná (Tanuri, 2000).

Outras províncias, como Minas Gerais e o Distrito Federal, incluíram modalidades diferenciadas na organização do curso normal, tais como: curso preparatório, escolas normais e escolas para professores primários, curso normal e cursos normais rurais.

Destaca Tanuri (2000) dois aspectos essenciais na formação do professor empreendidos nesses cursos. Observe abaixo:

- a introdução e ampliação do ideário escolanovista nos processos formativos. As escolas normais constituíram campo fértil para a valorização da pedagogia centrada na atividade dos alunos;
- a diferenciação entre as opções adotadas nas províncias, que embora tivessem semelhança no modelo adotado, manteve algumas características singulares.

Ressalta-se que essas práticas realizadas nos cursos normais constituíram fundamentos para a Lei Orgânica do Ensino Normal, o Decreto aprovado em 1946, Lei nº 8.530/1946. Essa lei estabeleceu novas modalidades de exercício da profissão de professor. Os cursos formavam "professores regentes" do ensino primário, em cursos com duração de quatro anos; o segundo ciclo concedia o título de "professor primário" e era ministrado em escolas normais ou Institutos de Educação, com duração de dois anos. As modalidades de cursos de "especialização de professores para a educação especial", "ensino supletivo, desenho e artes aplicadas, música e canto", "administradores escolares" eram ofertados nos Institutos de Educação, nos chamados *estudos adicionais*.

Originado nos anos 1920, o modelo da escola normal perdurou até os anos 1970. Esse modelo consagrava o estatuto de "escola" e "curso" com a finalidade de formar e titular o "professor primário", o que lhe atribuía fundamental importância, caracterizando essa fase como a "revolução dos normalistas"; a valorização do professor e de seu estatuto de detentor do conhecimento. Mais adiante se retoma o debate com a reforma desses cursos na Lei nº 5.692/1971, que fixa diretrizes e bases para o ensino de 1º e 2º graus.

A reforma da formação dos professores ocorrida pela implantação da Lei nº 5.692/1971 descaracterizou o curso normal. O curso deixou de ser profissionalizante no sentido estrito de sua finalidade. O modelo implantado era organizado em dois núcleos de conteúdos e disciplinas: uma parte propedêutica, denominada de *núcleo comum* e outra de *núcleo profissionalizante*. O magistério passou a constituir uma habilitação profissional de nível de segundo grau, restrita a uma parte do curso. O currículo desses cursos de magistério incluía inúmeras disciplinas, o que ocasionou a sua fragmentação. A metodologia de formação adotada era baseada no enfoque tecnicista, com ênfase na divisão do trabalho. A preocupação central desse enfoque é a racionalização da atividade docente.

Além disso, a Lei nº 5.692/1971 limitou o campo de atuação profissional da "habilitação do magistério". Os formados poderiam atuar como professores das séries iniciais, no ensino de 1º grau. Para ministrar aulas em cursos de magistério, os professores deveriam possuir formação em nível superior, com licenciaturas ou em Pedagogia, atendendo à exigência da especificidade da disciplina a ser aplicada. Observe que foi a partir disso que o prestígio dos "normalistas" entrou em declínio.

Na década de 1980, uma nova reestruturação ocorreu, sobretudo nos cursos de habilitação para o magistério. As propostas do Ministério da Educação (MEC), alusivas ao projeto dos Centros de Formação e Aperfeiçoamento do Magistério – Cefam, foram encaminhadas e implementadas em muitos estados brasileiros. Outros projetos semelhantes, como a ampliação do curso de magistério para quatro anos, foram postos em prática. Nos cursos de licenciatura surgiram disciplinas direcionadas à metodologia de ensino dos conteúdos específicos e a prática de ensino passou a ser mais valorizada com estágios nas escolas da comunidade. No início dos anos 1990, o curso de Pedagogia passou a assumir a docência como eixo articulador do processo de formação. Reparou no pouco tempo? Atualmente, a criação do curso normal superior promoveu novos impasses para os cursos normais de nível médio. Em alguns estados brasileiros esses cursos foram extintos e em outros continuam em funcionamento. Lembramos a você, nesse ponto, que os jovens brasileiros têm de ingressar muito cedo no mundo do trabalho, com isso a extinção de cursos de formação profissional de nível médio impõe novas dificuldades para os jovens que precisam conciliar o exercício do trabalho e o acesso ao ensino superior.

2.1.2 Os cursos de licenciatura

Os cursos de licenciatura do Brasil têm considerado os cursos para a formação de professores de disciplinas específicas, para as séries finais do ensino fundamental e ensino médio, bem como o curso de Pedagogia, que forma o professor para a educação infantil e anos iniciais do ensino fundamental e para a docência das disciplinas pedagógicas dos cursos normais de nível médio. Além disso, o curso de Pedagogia pode formar gestores educacionais, supervisores, orientadores, administradores escolares e, recentemente, professores para o curso normal de nível superior criado pela Lei nº 9.394/1996, sabia disso?

Neste item, vamos analisar a evolução histórica desses cursos e as questões atuais que têm determinado sua organização. Também abordaremos os processos de formação enfatizados nesses cursos.

Os professores que atuavam no ensino ginasial e no ensino médio, científico, clássico, a partir de 1934 – com a criação das primeiras universidades brasileiras – passaram a ser formados nos cursos de licenciatura. Era usual os profissionais liberais e bacharéis ministrarem aulas nos ginásios e colégios. Essa prática perdura até os tempos atuais.

Os professores formados nos cursos de licenciatura possuíam o mesmo estatuto profissional dos profissionais liberais, tanto em reconhecimento pela comunidade como em sua remuneração.

Até a década de 1960, a organização curricular dos cursos de licenciatura seguia o esquema conhecido como "3+1", que consistia em cursar o bacharelado das disciplinas específicas nos três primeiros anos e depois um ano de disciplinas pedagógicas.

Destacamos que o curso de Pedagogia tem oscilado em constituir-se ora como curso de bacharelado, ora como curso de licenciatura. O primeiro curso de Pedagogia foi criado em 1939, tendo por finalidade a formação de "técnicos em educação", para que pudessem contribuir com a estruturação do sistema educacional brasileiro, atuando nos órgãos educacionais responsáveis por implementar as propostas definidas nas instâncias governamentais.

Posteriormente, com a preocupação da formação de

professores para a educação primária, tornou-se necessário que o curso de Pedagogia incluísse a formação de docentes para as disciplinas pedagógicas do curso normal colegial. Em decorrência, esse curso ficou constituído na licenciatura e na formação do bacharel nas "especialidades" da supervisão pedagógica, administração escolar, inspeção escolar e orientação educacional, continuando com a preparação dos "técnicos".

A reforma do ensino superior definida pela Lei nº 5.540/1968 promoveu ampla mudança na organização das universidades e dos cursos de ensino superior. As universidades foram divididas em departamentos; houve restrições e repressão à organização do movimento estudantil e do movimento de professores. Essa lei "introduziu a relação custo-benefício e o capital humano na educação, direcionando a universidade para o mercado de trabalho, ampliando o acesso da classe média ao ensino superior e cerceando a autonomia universitária" (Dias, 2003).

A medida tomada para alcançar tais metas, como indica Dias (2003), incluiu o vestibular unificado com ingresso por classificação, o estabelecimento de limite no número de vagas por curso, a criação do curso básico a ser frequentado pelo conjunto de alunos de uma área, a oferta de cursos em um mesmo espaço, com menor gasto de material e sem aumentar o número de professores, a matrícula por disciplina e a criação das licenciaturas curtas.

Os estudos sobre essa reforma apontam que ocorreu a diminuição na qualidade do ensino fundamental público, com a respectiva expansão do ensino particular. Observe que essa inversão de oferta, com vestibulares seletivos nas universidades públicas, restringiu o acesso de grande parte da população ao ensino superior público.

A criação das faculdades de Educação não extinguiu as faculdades de Filosofia, mas produziu uma maior fragmentação dos cursos de licenciatura. Para esses cursos, a estrutura proposta determinou as disciplinas pedagógicas ministradas nas faculdades de Educação e as disciplinas de conteúdos específicos nas faculdades e/ou institutos das áreas específicas. Nesse modelo caberia à faculdade de Educação articular essas duas áreas de formação, não é mesmo? Mas isso não ocorreu.

As reformas de ensino dos anos 1960 e 1970, sistematizadas pela Lei nº 5.540/1968 e pela Lei nº 5.692/1971, trouxeram como inovação a criação das licenciaturas curtas, com menor tempo de curso. Esses cursos causaram uma desestruturação na formação dos professores, por aligeirarem os processos de formação. Os debates foram acirrados até a extinção desses cursos em 1980.

As reformas no curso de Pedagogia estruturaram o currículo e a habilitação do curso. A organização instituiu um núcleo comum a ser complementado por uma ou duas habilitações. Formava "os especialistas em educação", orientadores educacionais, supervisores escolares, administradores e as demais habilitações. A formação por habilitações promoveu a especialização profissional e contribuiu para a concretização da divisão do trabalho pedagógico nas escolas.

Essas reformas, somadas à difusão dos meios de comunicação de massa, à acelerada expansão da oferta de vagas no sistema escolar (atente para o fato: sem que tivesse ocorrido um processo de formação de professores para o atendimento de uma clientela escolar diversificada), à divisão do trabalho escolar entre planejamento e execução, aumentando o controle do trabalho docente, restringiu os níveis de responsabilidade e de autonomia. A ampliação da utilização do livro didático, cerceando o desenvolvimento da pesquisa no âmbito escolar, a diminuição dos níveis de remuneração dos professores, resultando em um não favorecimento ao acesso aos bens culturais, contribuíram para a desvalorização de seus trabalhadores.

Com o final da ditadura militar, os movimentos para a sociedade democrática e a definição de uma nova Constituição foram assumindo novos contornos no quadro educacional.

A década de 1980, segundo Pereira (2000), foi marcada pela impaciência dos professores com o estado da educação, desencadeando uma intensa crise que ampliou os protestos que marcaram os movimentos desse período. Os debates sobre "o quadro negro" da educação brasileira, ocasionado pelo baixo investimento, o aviltamento salarial dos professores, o enfoque tecnicista, a expansão desregrada dos cursos de licenciatura e a descaracterização da atividade docente – especialmente a discussão sobre a desprofissionalização docente – ganharam corpo e várias proposições foram elaboradas.

Enfatizamos as denúncias sobre o tecnicismo, que permeava a organização da escola, e o trabalho de professores e pedagogos, que foi alvo de intenso debate. Esse enfoque contribuiu para a hierarquia e divisão do trabalho, sendo o professor mero executor de tarefas planejadas nos órgãos centrais do sistema escolar. Além disso, foram denunciados os problemas da escola, como a evasão, a repetência, a baixa qualidade de ensino e os processos de exclusão. Uma das teses mais debatidas entendia a escola como participante da reprodução das classes sociais (Bourdieu; Passeron, 1982).

As proposições foram intensificadas e em muitos estados uma nova organização curricular foi realizada. A partir da década de 1980 ocorreram os estudos e proposições para os cursos de licenciatura e Pedagogia e para os cursos de magistério de nível médio, sobretudo os do Comitê Pró-Participação na Definição da Formação do Educador, que deu origem à Associação Nacional pela Formação de Profissionais da Educação – Anfope.

Alguns pesquisadores consideram a década de 1990 como a "década da formação docente". As novas propostas sobre essa formação passaram a rever a relação teoria-prática. Assim, a prática assumiu uma nova concepção, não mais como campo de aplicação da teoria, mas ela mesma como espaço de formação. Os temas em discussão nos anos 1990 incluem a relação ensino-pesquisa, o estudo da realidade pedagógica, os estudos sobre a formação prática do professor, a complexidade da função docente e as preocupações com a formação continuada do professor.

Entre os novos rumos da licenciatura, Pereira (2000) aponta o desenvolvimento das disciplinas pedagógicas ao longo do curso, incluindo a estas a prática pedagógica.

Ocorreu a valorização da prática como uma inovação no processo de formação na constituição de eixo articulador da relação com a teoria, bem como com as escolas. Outra inovação inclui o processo de formação docente com as proposições em torno do professor reflexivo. É importante que destaquemos, nesse período, a expansão de cursos de licenciaturas no período noturno.

São postuladas as questões de gênero, a tomada de consciência da feminilização do magistério, especialmente da educação infantil e das séries iniciais, considerando que a docência não é uma atividade semiprofissional, sem qualificação. São falas comuns e conhecidas: "somos professores, não importa o nível de ensino em que exercemos nossa atividade, portanto não somos tias". Já ouviu algo parecido?

Além desse esforço pela melhoria da estruturação dos cursos, outras medidas (como a interlocução entre as universidades e as Secretarias de Educação Estaduais, a presença de coordenador pedagógico para os cursos de magistério, a inclusão de horas de atividades para os professores e a maior disponibilidade de recursos materiais e didáticos) contribuíram para a renovação e revitalização desses cursos.

Destacamos, sobretudo, a ação das associações de professores (da Anfope), criadas nos anos 1980, e a introdução nos cursos de Pedagogia da especificidade da formação para a docência, que iriam constituir um quadro favorável à valorização da formulação do professor para a educação básica, especialmente a educação infantil e o ensino fundamental. As instituições de profissionais de áreas específicas, como associações e sociedades de professores, assim como as de pesquisadores, como a Associação Nacional de Pós-Graduação e Pesquisa em Educação – ANPEd; os sindicatos de professores, como Sindicato Nacional dos Docentes das Instituições de Ensino Superior (Andes); e os sindicatos estaduais e municipais – expressam o compromisso da categoria para a promoção da pesquisa, da melhoria dos cursos de formação, da educação básica e superior, assim como das condições de trabalho.

Apesar de todo esse esforço, acredite, o curso de Pedagogia ainda não teve suas diretrizes definidas até o término da composição desta obra. Os cursos de licenciaturas estão em processo de reformulação, o que exige pesquisa para acompanhar e analisar as proposições implementadas.

2.2 A expansão dos cursos de licenciatura no Brasil

Nas sinopses estatísticas do Inep/MEC, no ano de 2000, os dados apresentaram o número de matrículas nos cursos superiores de formação de professores, na área de educação (subdividida nos segmentos: cursos em Ciência da Educação, Formação de Professor da Educação Básica, Formação de Professor de Disciplinas Profissionais, Formação de Professor de Educação Infantil e Formação de Professor de Matérias Específicas), da seguinte forma: do total geral de matrículas, das 2.694.245 para o ensino superior em 2000, para a área de educação constavam 584.664.

Os últimos índices estatísticos do número de matrículas no ensino superior, ano de 2003*, apresentam os seguintes indicativos: do total de 3.887.022 matrículas, o curso de Pedagogia teve 373.878; Letras, 189.187; Educação Física, 116.621; Ciências Biológicas, 89.144; História, 70.336; Matemática, 69.870; Geografia, 51.656; Ciências, 40.185; Química, 29.022; Ciências Sociais, 20.401; Física e Astronomia, 19.650; Filosofia, 16.814; Artes (Geral) 15.899; Estudos Sociais 5.027.

A matrícula continua em expansão e é possível verificar que o curso com maior número de alunos é o de Pedagogia, mas é acentuada a evolução das matrículas no curso normal superior. Na Tabela 1 podemos visualizar melhor o número de matrículas existentes no ano de 2000 e 2003, conforme os dados do Inep sobre o censo estatístico de 2000 e 2003.

Você saberia dizer qual é a licenciatura de conteúdos específicos com maior número de matrículas? É a do curso de Letras, seguida por História e Biologia. A área de exatas continua com número de matrículas menor.

Tabela 1 – Número de matrículas nos cursos da área de educação – Censo 2000 e 2003

Curso	Matrículas em 2000	Matrículas em 2003
Educação	584.664	838.102

* Dados mais recentes encontrados no *site* do Inep em 2007. (http://www.inep.gov.br/superior/censosuperior/sinopse/)

(Tabela 1 – continuação)

Ciências da educação	203.036	283.387
Ciência da educação		68
Administração educacional	194	12
Educação especial	258	
Pedagogia	202.584	282.841
Psicopedagogia		41
Formação de professor da educação básica	18.385	87.671
Formação de professor das séries finais do ensino fundamental	141	188
Formação de professor das séries iniciais do ensino fundamental	5.288	11.605
Formação de professor da educação artística para educação básica	480	244
Formação de professor de educação especial	35	710
Formação de professor de educação física para educação básica	187	755
Formação de professor da educação infantil e séries iniciais do ensino fundamental	871	2.368
Formação do professor do ensino fundamental	1.903	17.316
Formação de professor do ensino médio	231	947
Formação de professor para a educação básica	5.083	6.241
Normal superior	1.166	47.297
Formação de professor de disciplinas profissionais	66.109	84.775

(Tabela 1 – continuação)

Formação de professor de administração	129	399
Formação de professor de agronomia	5	10.765
Formação de professor de artes (educação artística)	11.181	655
Formação de professor de artes plásticas	885	634
Formação de professor de artes visuais	54	26
Formação de professor de canto	25	2.995
Formação de professor da computação (informática)	1.462	25
Formação de professor de construção civil	93	268
Formação de professor de dança	137	27
Formação de professor de decoração	60	235
Formação de professor de disciplinas do setor primário (agricultura, pecuária etc.)	280	-
Formação de professor de disciplinas do setor terciário (comércio)	-	1.314
Formação de professor de disciplinas profissionalizantes do ensino médio	920	33
Formação de professor de disciplinas técnicas	110	61.559
Formação de professor de economia doméstica	186	19

(Tabela 1 – continuação)

Formação de professor de educação física	45.257	1.395
Formação de professor de eletricidade	81	1.423
Formação de professor de enfermagem	1.027	16
Formação de professor de engenharia de agrimensura	413	1.281
Formação de professor de fisioterapia	966	409
Formação de professor de mecânica	66	368
Formação de professor de música	894	146
Formação de professor de psicomotricidade	286	603
Formação de professor de teatro (artes cênicas)	596	180
Formação de professor de zootecnia	148	84.775
Formação de professor em ciências ambientais	-	399
Formação de professor em fonoaudiologia	694	10.765
Formação de professor em segurança pública	154	655
Formação de professor de educação infantil	232	
Formação de professor de educação infantil	29	3.150
Formação de professor de pré-escola	203	3.150

(Tabela 1 – continuação)

Formação de professor de matérias específicas	299.902	379.028
Formação de professor de biologia	23.428	36.062
Formação de professor de ciências	36.071	34.964
Formação de professor de desenho	80	111
Formação de professor de educação religiosa	235	555
Formação de professor de estudos sociais	8.019	5.027
Formação de professor de filosofia	5.682	6.569
Formação de professor de física	5.644	8.004
Formação de professor de geografia	22.917	31.020
Formação de professor de história	37.106	49.304
Formação de professor de letras	104.575	136.456
Formação de professor de língua/ literatura estrangeira moderna	1.549	75
Formação de professor de língua/ literatura vernácula (português)	4.799	1.786
Formação de professor de língua/ literatura vernácula e língua estrangeira clássica	268	7.092
Formação de professor de língua/ literatura vernácula e língua estrangeira moderna	3.237	2.353
Formação de professor de matemática	36.686	48.352
Formação de professor de matérias pedagógicas	12	973
Formação de professor de psicologia	2.312	484

(Tabela 1 – conclusão)

Formação de professor de química	4.903	7.732
Formação de professor em ciências sociais	2.379	2.059
Formação de professor de sociologia		50
Formação de professor de educação e comunicação		91

Fonte: Inep, 2010.

A formação de professores em relação à expansão da educação básica apresenta defasagens, pois, além do déficit histórico de professores devidamente formados, exige-se uma maior expansão dos cursos de licenciatura.

O número de matrículas nos cursos de licenciatura apresenta índices ligeiramente superiores nas instituições públicas. A oferta de cursos na área de formação de professores pelas instituições particulares é menor, principalmente na área de ciências exatas. A necessidade de infraestrutura, como laboratórios, aliada à elevada desistência de alunos podem constituir fatores que não estimulem as instituições privadas à abertura de curso nessas áreas. Também a histórica desvalorização do magistério, que ocasiona pouca demanda pelos cursos de licenciatura, provavelmente não estimula o investimento das instituições nesses cursos.

A implantação de instituições que atendam a essas necessidades é uma questão complexa, pois, provavelmente, nas regiões em que há maior falta de professores licenciados há também poucos professores qualificados para atuarem nos cursos de licenciatura, quando não há inexistência. Repare que, considerando o atual quadro de formação de professores no Brasil, se mantidos os índices médios da expansão do ensino superior, a formação de professores em nível superior para a educação básica poderá levar mais de dez anos (Pereira, 2000).

O maior número de matrículas nos cursos de licenciatura ocorre nas ciências humanas e o menor número continua nas ciências exatas, ocasionando menor número de professores formados nessa área. Essa situação de insuficiência de professores para atuar na educação básica e na área de exatas tem sido apontada por inúmeros estudos e pesquisas, como os de Carvalho e Gil-Pérez (1995), Menezes (1996) e Gatti (1997). Além do pequeno número de matrículas na área de exatas, há elevado número de desistências, o que leva a um mínimo de concluintes. Gira em torno de 15% o número de concluintes em relação ao número de matriculados. Tudo isso leva a um maior agravamento do quadro da falta de professores formados nas disciplinas específicas de física, química e matemática, não é mesmo?

Mas, fique você sabendo que, no ensino profissionalizante, essa problemática é mais grave. Os índices de matrículas em cursos de licenciatura para áreas profissionalizantes apresentam-se mais limitados. Poucas áreas ofertam a opção da licenciatura e a matrícula nem sempre ocorre. Vários são os cursos que possuem índice zero de matrícula nessas áreas.

2.3 Evolução dos cursos de formação de professores a distância

Neste capítulo, destacamos alguns marcos históricos da formação de professores na modalidade a distância. A esse respeito, a pesquisa realizada por Vianney, Torres e Silva (2003) constitui documento orientador para o desenvolvimento dos estudos a serem efetuados em relação ao tema.

Os primeiros cursos a distância no Brasil foram realizados em 1904, pelas escolas internacionais por correspondência. Posteriormente, em 1923, com a criação da Rádio Sociedade do Rio de Janeiro, por Edgard Roquete Pinto (antropólogo, educador e escritor), foram ofertados cursos radiofônicos de português, francês, silvicultura, literatura francesa, esperanto, radiotelegrafia e telefonia.

A formação do professor a distância data como iniciada em 1934, com a criação da Rádio Escola Municipal do Rio de Janeiro, quando foram realizados programas diários que incluíam um jornal dos professores. Mais tarde, em 1941, com o Programa Universidade no Ar, foram realizadas emissões radiofônicas para a formação de professores leigos.

Na década de 1960, os cursos de educação a distância (EaD) foram ampliados com utilização de diferentes modalidades: por correspondência, radiofônicos e televisivos. Para a formação de professores primários em serviço foi desenvolvido programa veiculado pela TV RIO, em 1962, com a finalidade de promover o aperfeiçoamento docente.

Destacamos, na década de 1970, a criação da Associação Brasileira de Tecnologia Educacional – ABT, que passou a divulgar pesquisas e estudos, promovendo a realização de seminários anuais sobre tecnologia educacional.

O projeto *Logos*, planejado em 1973 pelo MEC, implementado em 1976, com a finalidade de habilitar professores leigos, expandiu-se por 19 estados brasileiros e teve ampla adesão dos professores. O programa utilizava o ensino por módulos impressos com tutoria local, por uma central de atendimentos, por carta e telefone.

Em 1979, foi lançado o Posgrad – Programa de Pós-Graduação Tutorial e a Distância, por iniciativa da ABT em parceria com a Coordenação de Aperfeiçoamento do Pessoal de Ensino Superior (Capes), para capacitar professores para o ensino superior. A modalidade utilizada foi o ensino por correspondência.

Há outros programas destinados à formação dos professores que podem ser destacados, como o Programa de Aperfeiçoamento do Magistério, pela ABT, em 1980, direcionado aos professores de 1º grau; o Programa de Atualização Pedagógica realizado pela Secretaria Estadual de Educação e Cultura do Rio de Janeiro, que envolveu 9.124 professores, os quais utilizavam do uso de rádio e televisão, em 1983. Nesse mesmo ano, outro programa para a formação de professores e especialistas foi ofertado em Goiás.

Ressalta-se, ainda, o projeto IPÊ, realizado pela TV Cultura no estado de São Paulo, em 1985; o programa de atualização de docentes das séries iniciais do ensino fundamental

"Um Salto para o Futuro", em 1991; a licenciatura a distância ofertada pela Universidade do Mato Grosso, em 1994, destinada a formar professores para a educação básica.

Na década de 1990, a expansão da EaD foi acentuada e muitas instituições de ensino superior passaram a ofertar cursos de licenciatura, especialização e mestrado. Em 1995, o Ministério da Educação criou a Secretaria de Educação a Distância, com a finalidade de coordenar os diferentes programas dessa modalidade de educação, em desenvolvimento no Brasil. Desde então essa secretaria vem acompanhando e apoiando as instituições credenciadas para a realização da EaD.

Atualmente, várias instituições de ensino superior estão autorizadas para ofertar cursos de graduação, de pós-graduação *lato sensu* e cursos sequenciais a distância, como você provavelmente já deve saber.

Os avanços científicos e tecnológicos causaram impactos em diversos campos da vida social e educacional, trazendo novas exigências de escolarização básica e superior. A esse respeito, Martins (2002) afirma: "vivemos um momento histórico, em que os antigos modelos educacionais já não se sustentam".

Para o enfrentamento de novos desafios, a educação a distância apresenta-se como uma modalidade capaz de contribuir para a formação em locais distantes dos grandes centros de produção do conhecimento. Com efeito, estudar a distância pode contribuir na concretização das políticas públicas de formação docente, na oferta de oportunidades educativas e na participação na economia e desenvolvimento da sociedade, minimizando os efeitos da exclusão social (Fiorentini, 2004).

O professor de EaD, em função das atividades exercidas nos programas de formação, pode ser professor-tutor, orientador acadêmico ou professor titular. No desempenho dessa atividade, conforme proposições de García Aretio (1994) e Martins (2002), o professor precisa considerar, na sua prática pedagógica, os seguintes aspectos:

- uso de procedimentos didáticos, considerando as novas tecnologias e processos comunicativos;
- emprego de novas formas comunicativas e diferentes linguagens;
- assessoria dos alunos na elaboração de seus planos de estudo e definição de currículos de curso;
- orientação aos alunos quanto à utilização de recursos tecnológicos e cognitivos para que possam autorregular sua própria aprendizagem;
- habilidade na utilização de ferramentas diferenciadas que permitam uma aprendizagem diversificada e singular, contemplando as diferenças culturais dos alunos;
- sistematização da avaliação de modo a propiciar maior aprendizagem pelos alunos, o que requer o emprego de procedimentos diversificados de avaliação;
- organização das atividades de ensino, considerando as novas culturas da aprendizagem e da escolarização.

Na EaD, as equipes de trabalho assumem o caráter multidisciplinar e as funções dos professores são ampliadas, pois são eles que elaboram as propostas e materiais de curso. Além disso, são articuladores e parceiros no acompanhamento da aprendizagem dos alunos, com os demais técnicos. Nessas atividades são utilizadas tecnologias para abordagens inovadoras da aprendizagem.

Para a formação de professores-tutores, os programas incluem desenvolvimento de habilidades e atitudes para o trabalho coletivo; definição dos fundamentos teóricos do curso e suas finalidades; seleção e preparação do conteúdo e das atividades de aprendizagem; pesquisa das fontes de informação e conhecimento; organização e sistematização dos materiais; motivação; interação e avaliação dos alunos.

Para o desempenho dessas funções, é imprescindível que o professor-tutor realize, permanentemente, sua própria formação e autoavaliação.

Na realização dos cursos a distância, as equipes de trabalho, conforme define o Relatório da Comissão Assessora de Educação a Distância – MEC, devem ser compostas por:
- docentes responsáveis pela coordenação do curso todo e das disciplinas ofertadas;
- professores-tutores para a interação com os alunos, em número proporcional às turmas;
- profissionais multidisciplinares nas áreas de tecnologia e de comunicação, produção e edição do material didático;
- gestores para a realização e coordenação das atividades técnico-administrativas.

A legislação de formação de professores para a EaD aponta como critério para a solicitação de credenciamento de instituições para a educação superior a qualificação acadêmica e a experiência profissional das equipes multidisciplinares, tanto do corpo docente como dos especialistas nos diferentes meios de informação. Conforme o Decreto n° 2.494/1998, a qualificação acadêmica dos professores de EaD é de mesma natureza das exigências para a educação presencial. Portanto, o professor-tutor deverá possuir titulação compatível para atuar nos cursos a distância.

Na expansão da formação em serviço dos professores leigos (professores com formação em nível médio) a educação a distancia é uma das modalidades que as instituições de ensino superior têm usado na oferta de cursos de graduação.

2.4 Aspectos legais da formação de professores

Desde 1997 estamos em processo de organização do ensino no Brasil em função das políticas advindas da reforma de ensino proposta na Lei de Diretrizes e Bases da Educação Nacional, LDBEN – Lei n° 9.394/1996. Soma-se às determinações legais a reestruturação social. A organização da produção exige um trabalhador capaz de aprender e de atuar em grupo. A escolha, nesse contexto, passa a valorizar o aprender a aprender, o que exige uma nova prática docente. Em decorrência, a própria formação dos professores será de um novo tipo (Freitas, 1999).

A preocupação com a formação de professores em função das políticas governamentais é recorrente, pois quem atua na prática escolar, possibilitando qualquer mudança ou inovação, *grosso modo*, é o professor, somos nós. Esse fato gera intensa discussão sobre a formação do professor da educação básica, envolvendo associações de docentes e de pesquisadores, associações de classe, faculdades de educação, comissões de especialistas, Secretarias do Ministério de Educação e o Conselho Nacional de Educação – CNE.

A Lei nº 9.394/1996 (Brasil, 1996) determina no art. 62 que a formação de docentes para atuar na educação básica seja realizada em nível superior, de graduação plena, em universidades e institutos superiores de educação.

No Brasil, há aproximadamente um milhão de professores em atividade que não têm essa titulação, sendo então estabelecido o prazo de uma década para que todos passem a ter a formação superior, o que gera um desafio e uma dificuldade para muitos de nós.

Salienta-se que o curso normal em nível médio pode constituir-se como formação mínima para o exercício do magistério na educação infantil e nos anos iniciais do ensino fundamental.

O curso de Pedagogia, respeitada a base comum nacional – que designa a docência como eixo articulador da formação –, tem por finalidade a formação dos profissionais de educação como administração, planejamento, inspeção, supervisão e orientação educacional. Essa formação pode ser realizada, igualmente, em cursos de pós-graduação (Brasil, 1996). Saiba você que até a data de lançamento desta obra não havia ainda sido aprovada alguma resolução dispondo sobre as diretrizes para o curso de Pedagogia.

A prática de ensino é um dos conteúdos obrigatórios na composição dos currículos dos cursos de formação de professores, conforme determina o art. 65 da Lei nº 9.394/1996 (Brasil, 1996). A formação será proporcionada por meio de cursos de pós-graduação, prioritariamente em programas de mestrado e doutorado.

Vale ressaltar que a Lei nº 9.394/1996 inclui a valorização dos profissionais da educação, com o ingresso por meio de concursos públicos. Indica aperfeiçoamento profissional, piso salarial, progressão funcional, período reservado para estudos e condições adequadas de trabalho. A regulamentação da Lei nº 9.394/1996 está sendo realizada pelo CNE. Sobre a formação de professores, vários pareceres, indicações e resoluções foram estabelecidos e estão, a seguir, relacionados. Observe-os atentamente. Esses pareceres podem ser encontrados no portal do CNE (2010). Seria interessante que você o acessasse.

Parecer CNE/CP nº 9, de 8 de maio de 2001.

Diretrizes Curriculares Nacionais para a Formação de Professores da Educação Básica, em nível superior, curso de licenciatura, de graduação plena.

Esse parecer apresenta o histórico dos cursos de formação de professores no Brasil. Realiza um diagnóstico dos principais problemas existentes e, em seguida, propõe indicações para as diretrizes dos currículos dos cursos e programas de formação de professores. Entre essas diretrizes citamos a importância da relação teoria-prática, a articulação das disciplinas e a realização do estágio desde o início do curso.

Parecer CNE/CP nº 21, de 6 de agosto de 2001.
Duração e carga horária dos cursos de Formação de Professores da Educação Básica, em nível superior, curso de licenciatura, de graduação plena.

Esse parecer recomenda que os cursos observem o número de dias letivos, independentemente do ano civil, de 200 dias de trabalho acadêmico efetivo. Pondera que um mínimo de 300 horas de prática de ensino é um componente obrigatório na duração do tempo necessário para a integralização das atividades acadêmicas próprias da formação docente. Assim, torna-se procedente acrescentar ao tempo mínimo já estabelecido em lei (300 horas) mais um terço (1/3) dessa carga, perfazendo um total de 400 horas.

Situa a impossibilidade de conclusão da maioria dos cursos de graduação de ensino superior abaixo de três anos, bem como recomenda o número de quatro anos, que tem sido uma constante para a delimitação da duração dos cursos de graduação no Brasil, respeitadas as experiências acumuladas nas diferentes áreas de conhecimento.

A formação de docentes, segundo esse parecer, não poderá ficar abaixo de 2.000 horas para a execução das atividades científico-acadêmicas, sendo que, respeitadas as condições peculiares das instituições, estimula-se a inclusão de mais horas para essas atividades. Do total, 1.800 horas serão dedicadas às atividades clássicas de ensino/aprendizagem em sala de aula e as demais 200 horas para outras formas de atividades de enriquecimento didático, curricular, científico e cultural.

Essas 2.000 horas de trabalho para execução de atividades científico-acadêmicas, somadas às 400 horas de prática de ensino e às 400 horas de estágio supervisionado, são o campo da duração formativa em que se organizará um projeto pedagógico planejado para um total mínimo de 2.800 horas. O total não poderá ser realizado em tempo inferior a três anos de formação tanto para os cursos de licenciatura quanto para o curso normal superior.

Parecer CNE/CP nº 27, de 2 de outubro de 2001.

Dá nova redação ao item 3.6, alínea c, do Parecer CNE/CP 9/2001, que dispõe sobre as Diretrizes Curriculares Nacionais para a Formação de Professores da Educação Básica, em nível superior, curso de licenciatura, de graduação plena.

O Conselho Pleno, em sua reunião de 2 de outubro de 2001, decidiu alterar a redação do item 3.6, alínea c, do Parecer CNE/CP nº 9/2001, aprovado em 8 de maio de 2001, nos seguintes termos: "c) No estágio curricular supervisionado a ser feito nas escolas de educação básica. O estágio obrigatório definido por lei deve ser vivenciado durante o curso de formação e com tempo suficiente para abordar as diferentes dimensões da atuação profissional. Observe que ele deve, de acordo com o projeto pedagógico próprio, se desenvolver a partir do início da segunda metade do curso, reservando-se um período final para a docência compartilhada, sob a supervisão da escola de formação, preferencialmente na condição de assistente de professores experientes. Para tanto, é preciso que exista um projeto de estágio planejado e avaliado conjuntamente pela escola de formação inicial e as escolas campos de estágio, com objetivos e tarefas claras e que as duas instituições assumam responsabilidades e se auxiliem mutuamente, o que pressupõe relações formais entre instituições de ensino e unidades dos sistemas de ensino. Esses 'tempos na escola' devem ser diferentes segundo os objetivos de cada momento da formação. Sendo assim, o estágio não pode ficar sob a responsabilidade de um único professor da escola de formação, mas envolve necessariamente uma atuação coletiva dos formadores".

Parecer CNE/CP nº 28, de 2 de outubro de 2001.

Dá uma nova redação ao Parecer CNE/CP 21/2001, que estabelece a duração e a carga horária dos cursos de Formação de Professores da Educação Básica, em nível superior, curso de licenciatura, de graduação plena.

O parecer revê o aproveitamento de estudos realizados no ensino médio na modalidade normal e recomenda que a incorporação das horas, comprovadamente dedicadas à prática, no entanto, não sejam absolutizadas. No caso de alunos dos cursos de formação docente para atuação na educação básica, em efetivo exercício regular nessa atividade, o estágio curricular supervisionado poderá ser reduzido, no máximo, em até 200 horas.

Indica que o trabalho acadêmico efetivo a ser desenvolvido durante os diferentes cursos de graduação é um conceito abrangente. Repare que o ensino que se desenvolve em aula é necessário, importante. A exigência de um segmento de tal natureza no interior desse componente acadêmico-científico não poderá ter uma duração abaixo de 1.800 horas. Mas, um planejamento próprio para a execução de um projeto pedagógico há de incluir outras atividades de caráter científico, cultural e acadêmico, articulando-se com e enriquecendo o processo formativo do professor como um todo. É importante que você saiba que as sugestões de atividades a serem desenvolvidas apontam a realização de seminários, apresentações, exposições, participação em eventos científicos, estudos de caso, visitas, ações de caráter científico, técnico, cultural e comunitário, produções coletivas, monitorias, resolução de situações-problema, projetos de ensino, ensino dirigido, aprendizado de novas tecnologias de comunicação e ensino, relatórios de pesquisas, entendido? Salientamos, nesse ponto, já que são informações relevantes para você, que tais atividades devem contar com a orientação docente e ser integradas ao projeto pedagógico do curso.

Recomenda, ainda, a inclusão, nos cursos de formação docente, da realização de produção coletiva de projetos de estudos, elaboração de pesquisas, oficinas, seminários, monitorias, tutorias, eventos, atividades de extensão, do estudo das novas diretrizes do ensino fundamental, ensino médio, educação infantil, educação de jovens e adultos, portadores de necessidades especiais, comunidades indígenas e educação rural na formação dos professores, sendo que não poderão contar com menos de 200 horas.

A duração específica da formação jamais situa a conclusão da maioria dos cursos de graduação de ensino superior abaixo de três anos. O número de quatro anos tem sido uma constante para a delimitação da duração dos cursos de graduação no Brasil.

Assim, determina-se a duração dos cursos de formação docente para a atuação na educação básica, que não poderá ficar abaixo de 2.000 horas, com a proposição da organização do projeto pedagógico planejado para um total mínimo de 2.800 horas.

Parecer CNE/CES nº 151, aprovado em 17 de fevereiro de 1998.

Tem em vista o § 4º do artigo 87 da Lei nº 9.394/1996, que define prazo de dez anos para que todos os professores tenham a formação em nível superior. O parecer considera desejável essa formação, mas não o prazo de dez anos como indicador absoluto.

Parecer CNE/CEB nº 1, de 29 de janeiro de 1999.

Diretrizes Curriculares Nacionais para a formação de professores na Modalidade Normal em Nível Médio.

Esse parecer estabelece indicações para os cursos normais de nível médio. Logo a seguir, nos comentários da Resolução nº 2 de 19 de abril de 1999, apontamos os principais indicativos.

Resolução CNE/CEB nº 2, de 19 de abril de 1999.

Institui Diretrizes Curriculares Nacionais para a formação de docentes da educação infantil e dos anos iniciais do ensino fundamental, em nível médio, na modalidade Normal.

Essa resolução define as diretrizes para a formação de professores para atuar como docentes na educação infantil e nos anos iniciais do ensino fundamental, acrescendo-se às especificidades de cada um desses grupos as exigências que são próprias das comunidades indígenas e dos portadores de necessidades educativas especiais.

A proposta pedagógica de cada escola deve assegurar a constituição de valores, conhecimentos e competências gerais e específicas necessárias ao exercício da atividade docente que, sob a ótica do direito, possibilite o compromisso dos sistemas de ensino com a educação escolar de qualidade para as crianças, jovens e adultos.

Para seu conhecimento, destacamos que os cursos terão como meta: a) preparar os professores capazes de integrar-se ao esforço coletivo de elaboração, desenvolvimento e avaliação da proposta pedagógica da escola, tendo como perspectiva um projeto global de construção de um novo patamar de qualidade para a educação básica no país; b) investigar problemas que se colocam no cotidiano escolar e construir soluções criativas mediante reflexão socialmente contextualizada e teoricamente fundamentada sobre a prática; c) desenvolver práticas educativas que contemplem a inserção do futuro professor na escola, considerando abordagens condizentes com a sua identidade e o exercício da cidadania plena; d) avaliar a adequação das escolhas feitas no exercício da docência; e) utilizar linguagens tecnológicas em educação, disponibilizadas na sociedade de comunicação e informação, bem como o acesso democrático a diversos valores e conhecimentos.

A duração do curso normal em nível médio, considerado o conjunto dos núcleos ou áreas curriculares, será de no mínimo 3.200 horas, distribuídas em 4 (quatro) anos letivos, admitindo-se a possibilidade de cumprir a carga horária mínima em 3 (três) anos, condicionada ao desenvolvimento do curso com jornada diária em tempo integral e o aproveitamento de estudos realizados em nível médio para cumprimento da carga horária mínima.

A parte prática da formação, instituída desde o início do curso, com duração mínima de 800 (oitocentas) horas, contextualiza e transversaliza as demais áreas curriculares, associando teoria e prática.

Prevê que os cursos normais serão sistematicamente avaliados, assegurando o controle público da adequação entre as pretensões do curso e a qualidade das decisões que são tomadas pela instituição durante o processo de formulação e desenvolvimento da proposta pedagógica.

Resolução CNE/CP nº 1, de 18 de fevereiro de 2002.

Institui Diretrizes Curriculares Nacionais para a formação de professores da educação básica, em nível superior, curso de licenciatura, de graduação plena.

Essa resolução incorpora as recomendações dos pareceres anteriores e define a estrutura dos cursos de licenciaturas, Pedagogia e normal superior. Propõe uma reformulação dos cursos e, especialmente, regulamenta o funcionamento das práticas profissionais e do estágio supervisionado.

Considera como fundamental na formação de professores o ensino visando à aprendizagem do aluno, ao acolhimento e ao trato da diversidade. Também considera o exercício de atividades de enriquecimento cultural, o aprimoramento em práticas investigativas, a elaboração e a execução de projetos de desenvolvimento dos conteúdos curriculares, o uso de tecnologias da informação, da comunicação e de metodologias; estratégias e materiais de apoio inovadores, o desenvolvimento de hábitos de colaboração e de trabalho em equipe.

A formação dos professores que atuarão nas diferentes etapas e modalidades da educação básica observará os princípios norteadores desse preparo para o exercício profissional específico que considerem a competência como concepção nuclear na orientação do curso.

Além disso, observe, recomenda coerência entre a formação oferecida e a prática esperada do futuro professor, tendo em vista: a) a simetria invertida, em que o preparo do professor, por ocorrer em lugar similar àquele em que vai atuar, demanda consistência entre o que faz na formação e o que dele se espera; b) a aprendizagem como processo de construção de conhecimentos, habilidades e valores em interação com a realidade e com os demais indivíduos, no qual são colocadas em uso capacidades pessoais; c) os conteúdos, como meio e suporte para a constituição das competências; d) a avaliação como parte integrante do processo de formação, que possibilita o diagnóstico de lacunas e a aferição dos resultados alcançados, consideradas as competências a serem constituídas e a identificação das mudanças de percurso eventualmente necessárias.

Inclui também a pesquisa, com foco no processo de ensino e de aprendizagem, uma vez que ensinar requer tanto dispor de conhecimentos e mobilizá-los para a ação como compreender o processo de construção do conhecimento. Recomenda, como orientação da formação, o princípio metodológico geral, que pode ser traduzido pela ação-reflexão-ação e que aponta a resolução de situações-problema como uma das estratégias didáticas privilegiadas.

Considera como conteúdos a cultura geral e profissional; os conhecimentos sobre crianças, adolescentes, jovens e adultos, aí incluídas as especificidades dos alunos com necessidades educacionais especiais e as das comunidades indígenas; o conhecimento sobre dimensão cultural, social, política e econômica da educação; os conteúdos das áreas de conhecimento que serão objeto de ensino; o conhecimento pedagógico e o conhecimento advindo da experiência.

Define, ainda, as condições de infraestrutura para as instituições que ofertam cursos de formação de professores, as normas para implantação e credenciamento, bem como a necessidade do desenvolvimento da avaliação institucional.

Resolução CNE/CP nº 2, de 18 de fevereiro de 2002.

Institui a duração e a carga horária dos cursos de licenciatura, de graduação plena, de formação de professores da educação básica em nível superior.

Reporta a duração dos cursos já comentada acima nos pareceres.

Resolução CNE/CEB nº 1, de 20 de agosto de 2003.

Dispõe sobre os direitos dos profissionais da educação com formação de nível médio, na modalidade normal, em relação à prerrogativa do exercício da docência, em vista do disposto na Lei nº 9.394/1996, e dá outras providências.

Define que os sistemas de ensino, de acordo com o quadro legal de referência, devem respeitar, em todos os atos praticados, os direitos adquiridos e as prerrogativas profissionais conferidas por credenciais válidas para o magistério na educação infantil e nos anos iniciais do ensino fundamental, de acordo com o disposto no art. 62 da Lei nº 9.394/1996.

Recomenda que os sistemas de ensino envidem esforços para realizar programas de capacitação para todos os professores em exercício. Aconselha os sistemas a estimular os professores a participarem de programas para sua formação e que eles realizem a adesão voluntária.

Resolução nº 1, de 1º de fevereiro de 2005.

Estabelece normas para o apostilamento em diplomas de cursos de graduação em Pedagogia, do direito ao exercício do magistério nos quatro anos iniciais do ensino fundamental.

Disciplina o apostilamento para os estudantes concluintes do curso de graduação plena em Pedagogia, até o final de 2005, que terão direito à habilitação para o exercício do magistério nos quatro anos iniciais do ensino fundamental, desde que tenham cursado com aproveitamento as disciplinas de estrutura e funcionamento do ensino fundamental, metodologia do ensino fundamental, prática de ensino-estágio supervisionado nas escolas, em ensino fundamental, com carga horária mínima de trezentas horas, de acordo com o disposto no art. 65 da Lei nº 9.394/1996. No caso dos cursos concluídos anteriormente à edição dessa lei, não haverá restrição de carga horária para prática de ensino-estágio supervisionado.

Cabe ressaltar que as diretrizes para os cursos de Pedagogia estão em discussão. Há divergência entre a proposição do Conselho Nacional de Educação e o movimento dos professores. Vários fóruns foram realizados sem que os impasses fossem solucionados. Entende a Anfope, bem como o Fórum dos Diretores das Faculdades de Educação – Forundir, que a proposição do Conselho limita a formação aos aspectos técnicos profissionais e não considera as posições defendidas pelo movimento desde a década de 1980.

Atividades de aprendizagem

> Nesse item foram indicadas as principais determinações legais sobre formação de professores. Convidamos você para consultar a legislação e destacar alguns pontos relacionados ao seu desempenho profissional.
>
> Entre os questionamentos básicos podem-se destacar: Que aspectos foram privilegiados pela nova LDBEN em relação à formação de professores? Quais as contribuições da nova LDBEN para a valorização do professor? Quais as principais mudanças introduzidas pela nova LDBEN nos cursos de formação de professores?

A seguir apresentamos regulamentações históricas da formação de professores para a sistematização e criação dos cursos em nível superior:
- definição do Estatuto das Universidades Brasileiras pelos Ministérios da Educação e da Saúde Pública, idealizado por Francisco Campos, em 1931;
- Decreto nº 19.852/1931 cria a Faculdade de Educação, Ciências e Letras para qualificar pessoas aptas ao exercício do magistério;
- Lei nº 452/1937 aprovada pelo governo Vargas em 5 de julho de 1937, organiza a Universidade do Brasil – Faculdade Nacional de Educação. A Faculdade de Filosofia tem a função de preparar intelectuais, realizar a pesquisa e preparar candidatos do magistério secundário e normal;
- regulamentada pelo Decreto-Lei nº 1.190/1939 a seção de Pedagogia, com a oferta de um curso de três anos, titulando o Bacharel em Pedagogia;
- Lei de Diretrizes e Bases da Educação, Lei nº 4.024/1961, estabeleceu a exigência da formação superior para o ensino das disciplinas específicas nos cursos normais de nível médio; incluiu a exigência de registro para o exercício do magistério; a realização de provas para ingresso na carreira do ensino público e a realização de exames de estágio;
- Parecer CFE nº 292/1962 passou a determinar a carga horária e currículo dos cursos de licenciatura; definiu a formação pedagógica correspondendo a 1/8 do total

da carga horária do curso, incluindo estágio em escolas da comunidade;
- Parecer CFE nº 52/1965 redefiniu a duração dos cursos de licenciatura;
- Decreto-Lei nº 53/1966 cria a unidade voltada para a formação de professores para o ensino secundário e especialista em educação, ou seja, a Faculdade de Educação, desmembrada da Faculdade de Filosofia, Ciências e Letras;
- Parecer do CFE nº 672/1969 gera a Resolução nº 9/1969, que reexamina o Parecer nº 292/1962 – determina em 1/8 de formação pedagógica cada uma das licenciaturas direcionadas ao ensino de 2º grau;
- Indicação CFE nº 8/1968 reexamina os currículos, a duração dos cursos e matérias obrigatórias. A Lei nº 5.540/1968 e o Parecer CFE nº 85/1970 mantêm as indicações de 8/1968;
- Parecer nº 895/1971 examina a existência da licenciatura curta com 1.200 a 1.500 horas e as plenas de 2.200 a 2.500 horas;
- Resolução CFE nº 01/1972 define em três a sete anos a duração dos cursos de nível superior de formação de professores; foi reafirmada pela Indicação nº 22/1973.

2.5 Tendências atuais na formação inicial de professores

A intenção deste tópico é a realização de reflexões sobre as tendências da formação do professor.

A concretização da ação docente realiza-se no cotidiano, na sala de aula, ou seja, na prática. A prática educacional está inserida na tessitura social e é configurada na interação entre sujeitos e grupos. A concretização da intencionalidade educacional como prática social contextualiza-se historicamente e efetiva-se em movimento de natureza complexa, conflituosa e contraditória, devido às relações sociais na sociedade contemporânea.

A educação como prática social implica a formação dos profissionais como uma área de interesse social. Considerar esses indicativos propicia a realização de discussões, pesquisas, propostas, eventos, publicações e regulamentações em torno do tema *Formação de Professores*.

A complexidade da profissão do professor é expressa por Marques (1992) como inscrita no espaço público da palavra e da ação. O professor, atento e dedicado ao exercício permanente da observação crítica, à ação e avaliação, ética e política, singular e compartilhada, produz uma ação educativa para que as gerações transcendam a si mesmas, desafiando-se e reconstruindo-se. Uma nova prática social é resultante da análise crítica do enfrentamento dos problemas existentes. A sistematização resultante aponta indicativos para proposições de alternativas aos novos problemas (Martins, 2003).

Para Severino (2001), a característica essencial do trabalho do professor é promover a educabilidade, ou seja, favorecer que os sujeitos, eles próprios, tornem-se construtores e transformadores de sua individualidade, da subjetividade e da própria sociedade.

Refletirmos sobre o preparo profissional do professor é importante, mas não só sobre os aspectos técnicos, os conhecimentos e a organização dos cursos. É preciso reconhecermos os aspectos humanos no processo formativo do professor para transitar no cotidiano escolar.

Para Severino (2001), a formação dos professores "deveria ser uma autêntica *Bildung* [(construção e reconstrução)], formação em sua integridade", superando uma habilitação apenas técnica, centrada no domínio de informações específicas e didáticas.

Desse modo, são exigências de nossa formação:

- conscientização do potencial da humanidade e do direcionamento da existência para inserção no grupo social;
- compreensão da construção e reconstrução do conhecimento e de sua aplicabilidade na ação humana;
- competência que ultrapasse o senso comum, a improvisação, a superficialidade e a mediocridade;
- criatividade de modo dinâmico, estético, inteligente, reconhecendo a diversidade e a diferença em tessituras densas do conhecer;
- criticidade vigilante do conhecimento, da ideologia e de sua própria ação, reconstruindo-a e refazendo-a;
- comprometimento ético e sociopolítico, para participar na promoção de uma educação para todos, o desenvolvimento da solidariedade;
- cooperação, legitimando a autonomia da ação docente, atenta às necessidades da comunidade na busca de uma prática educativa contextualizada e coletiva.

Além disso, é fundamental conhecer, compreender e avaliar os conhecimentos, objeto de nosso trabalho, como ferramentas didáticas, assim como os processos da aprendizagem, a prática pedagógica efetiva e crítica. Para a concretização dessa pauta, são necessárias alternativas de ação, proposições de trabalho coletivo, articulação entre as instituições e ampliação da pesquisa. Em decorrência, construir, analisar e avaliar os conhecimentos na articulação entre prática e teoria.

A sala de aula é um ambiente de diversidade, uma vez que abriga um universo heterogêneo, plural e em movimento constante, em que cada aluno é singular, com uma identidade originada de seu grupo social, estabelecida por valores, crenças, hábitos, saberes, padrões de condutas, trajetórias peculiares e possibilidades cognitivas diversas em relação à aprendizagem. Isso tudo expressa maior interesse e entusiasmo dos alunos por determinada área do conhecimento, ou apatia e indiferença, resultante da complexidade humana. A nossa relação com os alunos provoca desinquietações permanentes na prática pedagógica por incluir todos esses aspectos.

Em face dessa pluralidade e heterogeneidade, numa sociedade como a nossa, em que a escolarização adquire cada vez mais importância, exige-se de nós, professores, a promoção, o desenvolvimento e a aprendizagem de seu aluno, nas dimensões cognitiva, social, cultural, emocional, motora, como propósito de formação global.

Essas tarefas do professor tornam-se mais complexas no interior da escola, cotidianamente, demandando conhecimentos múltiplos e convergentes de antropologia, sociologia, filosofia, biologia e da psicologia. No enfrentamento dos desafios, manifestamos respostas, muitas vezes comuns e lineares, revelando dificuldade em lidar com inúmeros processos componentes da tarefa de mediação. A ação docente pertinente revela-se na capacidade de confrontar os problemas e buscar alternativas para o êxito da relação, conhecimento e promoção da aprendizagem. O desconhecimento e despreparo frente às realidades, pela falta de compreensão da complexidade, das contradições e singularidades, tornam a prática aquém das expectativas.

Cabe, então, a todos nós, enquanto educadores, a busca pela superação da prática pedagógica assentada em informações, em respostas rotineiras e reprodutivas. Como afirma Morin (2001), "à educação trata-se de transformar as informações em conhecimento e de transformar o conhecimento em sapiência".

E para compreender esses fenômenos, Morin (1995) argumenta que os aspectos humanos, de certa forma, escapam ao controle absoluto da racionalidade técnica, política e profissional. Questões como identidade, representações, vida emocional, intersubjetividade, consciência corporal, autoconceito, espiritualidade, sensibilidade ao ouvir o outro, capacidade de disciplina pessoal, generosidade, constância e compromisso pessoal estão entre as diversas outras questões a serem refletidas pelos docentes (Bergamo; Romanowski, 2003).

As necessidades sócio-histórico-culturais, interferentes na definição das prioridades educativas, acrescidas aos saberes pedagógicos, exigem uma permanente ressignificação de nossa profissionalização.

Destacamos que a "educação para todos" exige a garantia de educação e acesso à escola a todas as crianças e jovens, tornando-a um espaço democrático, melhorando os níveis de escolarização da população como um todo.

Para Morin (1999), a educação para o futuro está alicerçada no entendimento do conhecimento pertinente, contextualizado, multidimensional, interdependente, interativo e globalizado, portanto, não acontece de modo fragmentado e particular. É necessário, segundo o autor, que a condição humana, física, biológica, psicológica, cultural, social e histórica, a identidade terrena e a compreensão mútua constituam os indicativos para educação do futuro. Tudo isso e uma educação para a incerteza que tenha como meta a formação do cidadão ético são condições para pensar a formação de professores.

O investimento no trabalho formativo do educador exige cuidado para responder às expectativas do mundo contemporâneo, pois, como afirma Nóvoa (1995):

> Hoje sabemos que não é possível separar o eu pessoal do eu profissional, sobretudo numa profissão fortemente impregnada de valores e ideais e muito exigente do ponto de vista do empenhamento e da relação humana. Houve um tempo em que a possibilidade de estudar o ensino, para além da subjetividade do professor, foi considerada um sucesso científico e um passo essencial em direção a uma ciência da educação. Mas as utopias racionalistas não conseguiram pôr entre parênteses a especificidade irredutível da ação de cada professor,

numa óbvia relação com as características pessoais e com as suas vivências profissionais como escreve Jennifer Nias: *'O professor é a pessoa; e uma parte importante da pessoa é o professor'.*

Com efeito, a complexidade da formação de professores indica necessidade de políticas de melhoria e investimento imediato e a longo prazo. Portanto, os esforços dos movimentos de professores, das instituições de ensino e especialmente do governo precisam ser redobrados.

As modalidades de formação de professores e suas indicações, assim como o estado atual da pesquisa nessa área, constituem o tema focalizado nesse tópico. Para os sistemas educacionais, a formação dos professores constitui uma das preocupações fundamentais.

O conjunto de questões referentes aos cursos de formação inicial de professores tem sido alvo de análises em eventos nacionais e internacionais, como os encontros anuais da ANPEd*; os Encontros Nacionais de Didática e Prática de Ensino – ENDIPEs** e os Congressos Estaduais Paulistas***. Cabe, ainda, destacar o Simpósio Formação de

---

* Esta associação inclui Grupos de Trabalho na sua organização, entre eles o Grupo de Trabalho Formação de Professores, que tem por finalidade examinar e divulgar as pesquisas sobre formação de professores.
** O VIII ENDIPE, realizado em 1996, em Florianópolis, teve como tema "Formação e Profissionalização do Educador".
*** O primeiro foi realizado em maio de 1990, totalizando cinco na década de 1990. Os temas debatidos têm sido organizados em publicações por Bicudo e Silva Junior (1996, 1999), Serbino, Ribeiro, Barbosa e Gebran (1998), Mesquita Filho (2007).

Professores: Tendências Atuais, realizado na Universidade Federal de São Carlos, em 1995, bem como o I Congresso Ibero-Americano de Formação de Professores, em Santa Maria, em 2000, entre outros.

Alguns periódicos também dedicam números especiais a respeito da formação de professores, como a *Revista da Faculdade de Educação da USP*, em seu número especial Formação do Professor, dez. 1996; Educação & Sociedade, 2001; Educação & Sociedade, 1999.

Destacamos, sobretudo, o trabalho da Anfope, que desde o início da década de 1980 discute e analisa a questão das políticas e da importância da formação do professor. A cada encontro nacional a associação elabora documentos finais norteadores, com vistas à definição de propostas para uma política nacional de formação dos profissionais da educação. Esse trabalho tem intensa atuação em defesa de uma formação substantiva e de qualidade para todos nós. Desde o final da década de 1980, a Anfope tem apresentado os eixos norteadores da base comum nacional como resultado das plenárias dos encontros nacionais, explicitados na sequência:

- Sólida formação teórica e interdisciplinar sobre educação – fundamentos históricos, políticos e sociais; conteúdos a serem ensinados pela escola que permitam a apropriação do processo de trabalho pedagógico; exercício da análise crítica da sociedade brasileira e da realidade educacional.

- Unidade entre teoria e prática – produção de conhecimento da organização curricular dos cursos, sendo que não se reduz à justaposição da teoria e prática na grade curricular; teoria e prática perpassam todo o curso de formação e não apenas a prática de ensino, o que implica novas formas de organização curricular dos cursos de formação; o trabalho docente como base de formação e fonte dessa nova forma de articulação teórico-prática; desenvolvimento de metodologias para o ensino dos conteúdos das áreas específicas; trabalho como princípio educativo na formação profissional, para a organização do trabalho docente na escola; a pesquisa como meio de produção de conhecimento e intervenção na prática social.

- Gestão democrática – conhecimento e vivência de formas de gestão democrática, no sentido de apreensão do significado social das relações de poder, as quais se reproduzem no cotidiano da escola, entre os próprios profissionais, entre os profissionais da educação e os alunos, na concepção e elaboração dos conteúdos curriculares.

- Compromisso social e ético – do profissional da educação, sob a ênfase da concepção sociohistórica de educador, na análise política da educação e das lutas históricas dos professores e dos movimentos sociais.

- Trabalho coletivo e interdisciplinar – entre alunos e professores, como eixo norteador do trabalho docente na universidade e da redefinição da organização curricular; a apreensão dos elementos do trabalho pedagógico na escola e das formas de construção do projeto pedagógico-curricular de responsabilidade do coletivo escolar.

- Articular formação inicial e continuada – diálogo permanente de formação inicial e o mundo do trabalho, sob o viés de programas e projetos de educação continuada, correspondendo à concepção de uma formação em redes de conhecimento e saberes e, inclusive, programas de pós-graduação.

No encontro realizado pela Anfope em Florianópolis, em agosto de 2002, foram destacados os seguintes pontos*:

a) a formação de professores como sendo um processo coletivo e que se constitui em estratégia de ação: organização de fóruns com professores, coordenadores e acadêmicos, para estudo, análise das documentações e das concepções de formação;

b) enfatizar a base comum nacional, proposta pela Anfope, como direcionadora dos cursos de formação de professores;

c) superar as dicotomias entre: bacharelado e licenciatura, conteúdo específico e conteúdo pedagógico, escolas de formação e escolas de atuação, teoria e prática, pesquisa e ensino;

d) considerar a pesquisa como princípio formativo;

* Anotações realizadas pessoalmente pela autora da obra, no encontro de 2002, Florianópolis.

e) preconizar uma formação consistente, não aligeirada nem diferenciada nas diferentes instituições, prevendo quatro anos de formação como duração do curso;
f) valorização dos cursos de formação docente e da profissão do professor;
g) considerar o conhecimento pedagógico como conteúdo curricular de natureza científico-cultural;
h) compreender a dimensão prática como conteúdo de reflexão na formação docente;
i) assumir os cursos de formação de professores com identidade própria.

Em 2005, foi realizado o VII Seminário Nacional da Anfope, em Brasília. De acordo com Freitas (1992), esse seminário feito

> [...] em conjunto entre as entidades da área, desenvolveu-se de forma bastante positiva. Com mais de 200 educadores presentes, foi o momento mais importante de mobilização da área nos últimos anos, para a discussão das Diretrizes. Tínhamos 18 Estados representados. Todas as mesas trouxeram os debates mais atuais sobre a questão das Diretrizes da Pedagogia até a discussão do ENADE e das políticas de formação de professores.

Como você pode constatar, está ocorrendo um conjunto de debates e proposições em torno da formação do professor. Os principais cursos considerados para a formação e a profissionalização são os de licenciatura, Pedagogia e o curso normal superior como curso de formação inicial, sem que o normal de nível médio tenha sido extinto.

A formação inicial necessita ser repensada em função da evolução das condições de trabalho, das tecnologias ou do estado dos saberes. A renovação da formação inicial integra as transformações da profissão docente que se encontra em vias de profissionalização.

A tipologia clássica de formação compõe-se de saberes gerais e específicos, métodos, conceitos e aptidões, levando a uma transferência de conhecimentos.

Como aprendemos a utilizar o que sabemos?

A transferência não se dá automaticamente. Tomemos como exemplo a formação dos médicos; alguém iria consultar um médico que tivesse lido todos os livros necessários, mas não tivesse feito clínica na sua formação? A formação desses profissionais se dá com práticas em locais específicos, com situações planejadas. Muitas vezes, na formação de professores, o estágio é encarado como atividade da qual se deve estar livre e que se realize com brevidade.

A perspectiva da formação inicial do professor realizada em nível superior pressupõe o reconhecimento da educação superior como espaço de formação.

Síntese

Acabamos de ver o processo de formação inicial do professor, os cursos e as determinações legais envolvidas na questão.

O capítulo trouxe um histórico com a evolução dos cursos de formação de professores no Brasil: o curso normal, os de licenciatura e, por fim, os de EaD. Finalizando o capítulo, foram apresentadas as leis e os pareceres que compõem os aspectos legais da formação desse profissional, bem como algumas reflexões sobre tendências da formação do professor.

Agora vamos exercitar para ver o que entendemos de tudo que lemos?

Atividades de autoavaliação

1. Aponte as proposições corretas a respeito do início da formação dos professores no Brasil e depois assinale a alternativa que corresponde à sua resposta:

   I) Os primeiros professores não eram exatamente "professores" como entendemos atualmente; eles eram contratados pelo prestígio social e político que tinham.

   II) As primeiras escolas normais do nosso país tinham vários professores, com diferentes formações, que ministravam diferentes disciplinas.

   III) Essas primeiras escolas eram destinadas exclusivamente para alunos do sexo masculino.

   IV) Os movimentos pela valorização da educação e escolarização da população foram intensificados no século XX.

   V) O professor primário era formado pela escola normal, cujo modelo, originado nos anos 1920, perdura até os anos 1970.

a) I, II, III e V.
b) II, III, IV e V.
c) I, II, IV e V.
d) I, III, IV e V.

2. Assinale a alternativa correta:

    a) A Lei n° 5.692/1971 acabou por limitar o campo de atuação dos profissionais do magistério.

    b) Os cursos de licenciatura formam professores para trabalhar com a educação infantil.

    c) A Lei n° 5.692/1971 veio incrementar o prestígio dos então normalistas.

    d) O curso de Pedagogia habilita o profissional da educação a atuar em todas as séries do ensino fundamental.

3. De acordo com o que vimos neste capítulo, NÃO podemos afirmar que:

    a) O curso de Pedagogia tem suas diretrizes definidas a partir de 1980.

    b) As licenciaturas que têm os maiores números de matrículas no Brasil são as da área das ciências humanas.

    c) As instituições de ensino superior particulares investem pouco nos cursos de licenciatura, devido ao pouco retorno que esses garantem.

    d) Os primeiros cursos de EaD, no Brasil, tiveram início a pouco mais de um século.

4. Aponte as proposições corretas a respeito da EaD e depois assinale a alternativa que corresponde à sua resposta:

I) É uma resposta às exigências que os avanços científicos e tecnológicos causaram em diversos campos, trazendo, inclusive, novas exigências de escolarização.

II) É uma modalidade que contribui, e muito, para a formação de profissionais em locais distantes dos grandes centros de produção do conhecimento.

III) O professor-tutor não tem que, necessariamente, ter formação compatível com a área em que atua, já que é responsável somente pela tutoria.

IV) As equipes de trabalho possuem caráter transdisciplinar.

a) II e IV.
b) I e II.
c) I e III.
d) III e IV.

5. Qual das afirmações abaixo é FALSA, de acordo com o que vimos neste capítulo?

a) O professor é o profissional da educação que, por atuar na prática escolar, possibilita mudanças e inovações.

b) O curso de Pedagogia é o único que forma profissionais capacitados para atuar como administradores, supervisores e orientadores educacionais.

c) O professor precisa conhecer, compreender e avaliar os conhecimentos de seu objeto de trabalho.

d) A formação de professores resulta em um sistema complexo e exige melhorias e investimentos imediatos.

Atividades de aprendizagem

Questões para reflexão

1. Reflita sobre o que leu e destaque os pontos fundamentais para a realização da formação inicial de professores.

2. Na sua opinião, o que falta para que o professor volte a ser um profissional valorizado socialmente, como o era no passado?

Atividade aplicada: prática

1. Procure saber, na sua região, qual é o salário inicial de um professor das séries iniciais do ensino fundamental em início de carreira. Veja, também na região, os custos que essa pessoa terá para concluir sua formação e pondere as duas realidades. Escreva sobre os resultados que encontrar, analisando-os e comparando-os.

Capítulo três

Formação continuada

Pretendemos, neste capítulo, apresentar a você algumas modalidades de formação continuada do professor, além de discorrer um pouco sobre os processos mais difundidos e empregados nesses programas, que são os reflexivos, a pesquisa e a história de vida de cada profissional, história que, por sua vez, nunca é a mesma de um para outro, apesar de apresentar alguns pontos em comum, o que também fará parte de nossa discussão neste penúltimo capítulo da obra.

3.1 Formação docente

O objeto da formação continuada é a melhoria do ensino, não apenas a do profissional. Portanto, os programas de formação continuada precisam incluir saberes científicos, críticos, didáticos, relacionais, saber-fazer pedagógico e de gestão; podem ser realizados na modalidade presencial e a distância. Ressaltamos a necessária ênfase na prática dos professores e seus problemas como importante eixo condutor dessa modalidade de formação.

Uma das principais preocupações com a formação docente diz respeito aos primeiros anos da docência, sistematicamente esquecidos pelas instituições formadoras e mesmo pelos sistemas de ensino. O primeiro ano, geralmente, constitui um "choque de realidade", em que o professor aprende intensamente por ensaio e erro a tarefa de ensinar. Os programas de formação, ao possibilitarem conhecimentos sobre a escola e o sistema educativo, e ao explicitarem a complexidade das situações de ensino e as possíveis alternativas de solução, a partir da prática, favorecem uma ação docente mais crítica e consciente.

Os professores principiantes apontam como problemas da prática aspectos de como promover motivação dos alunos, a disciplina e gestão de classe, os métodos de ensino, a avaliação, o planejamento das atividades, as relações com os colegas e o ambiente em geral. Seria interessante um tutor, um professor com mais experiência, para desenvolver uma supervisão clínica, apoiando o professor principiante e ajudando-o a encontrar alternativas para atuação em sala de aula.

O professor iniciante, além da limitação de conhecimentos da prática e da experiência, necessita aprofundar seus conhecimentos teóricos para ser capaz de explicitar situações de impasse. São necessários serviços de apoio para ajudá-lo a aplicar os conhecimentos que já possui e melhorar os processos de investigação para obter conhecimentos por si próprio.

Em pesquisa recente, Souza (2005) constatou que os professores iniciantes têm preocupação intensa com a promoção do ensino, com o domínio dos conteúdos, as metodologias de ensino, o controle do tempo da aula e a disciplina dos alunos. A mesma pesquisa evidenciou que os professores experientes estão mais preocupados com a aprendizagem e dificuldades dos alunos.

O trecho a seguir destaca a formação continuada dos professores. Como você vivencia essa questão na sua prática pedagógica? É muito importante que possa questionar as proposições apresentadas e examiná-las cuidadosamente para poder inferir contribuições para a promoção de uma reflexão rigorosa sobre sua própria prática. O desafio é que você possa ir além das indicações expressas no texto.

O campo da formação continuada de professores apresenta-se bastante diversificado, contando com concepções, conteúdos e métodos que implicam aspectos políticos, culturais e profissionais.

Como vimos anteriormente, o processo de formação implica construção da profissão de professor. Entre esses aspectos, a discussão sobre os saberes é básica na formação continuada. A compreensão dos saberes abrange os da experiência, saberes de conhecimentos específicos e os pedagógicos (Pimenta, 1999). Os saberes da experiência, como bem sabemos, são os vivenciados, os que advêm da prática ao longo da carreira, que não atingem o estatuto pelo tempo e quantidade, e sim pela reflexão permanente, pelo confronto com os outros, com as teorias, pela discussão coletiva. Os saberes de conhecimentos específicos são os constituídos pelo domínio do conhecimento da área sobre a qual os professores ministram suas aulas.

Como diz Nóvoa (2000), ao se referir à constituição de saberes da experiência: "recordo do desabafo bem antigo de John Dewey: escuta lá, mas quando se diz que o professor tem dez anos de experiência, quer se dizer que ele tem mesmo dez anos de experiência ou quer se dizer que ele tem um ano de experiência repetido dez vezes?".

Os saberes pedagógicos constituídos pela compreensão das ciências da educação, do saber-fazer didático – estabelecidos na prática pedagógica em permanente exame crítico e intencional dessa prática – carecem estar confrontados com as pesquisas na área educacional. Em decorrência, o domínio desses conhecimentos por si só não constitui saberes da docência. Como indica Pimenta (1999), "o significado que esses conhecimentos têm para si próprios, na sociedade contemporânea, o papel do conhecimento no mundo do trabalho e a relação entre ciência e produção" são indicadores de sua importância, mas a repetição não leva a uma aprendizagem significativa para o exercício da prática pedagógica. A articulação entre os saberes pedagógicos e os específicos é um dos primeiros passos, mas não suficiente. A transposição para situações exemplares da prática, a inclusão nas reflexões, a relação com os problemas da prática também é desejável. E, principalmente, a análise crítica da prática, considerando esses fundamentos pedagógicos, contribuirá para que possamos, enquanto professores, realizar uma prática conveniente.

3.2 Modalidades da formação continuada

As concepções nas diferentes modalidades de formação incluem cursos, seminários, projetos etc. As distinções de ordem qualitativa estão relacionadas às representações sobre a formação, a relação pedagógica entre formador e formando, a autonomia e a legitimidade do formador, a identidade das pessoas de referência, os planos e as estratégias de formação.

A formação continuada pode ser dividida em duas categorias, conforme propõe Demaily (1992). Atente para elas:
- formais, cursos e programas sistematizados em espaços diferenciados dos locais de trabalho do professor

são planejados e estruturados de modo presencial e a distância;

- informais, situações que ocorrem na ação docente, na escola e na sala de aula.

As proposições formais de formação continuada podem ser consideradas de quatro formas distintas. Observe-as:

- A forma universitária: programas e cursos decorrentes da relação formador-formando; possui semelhança com a forma que mantém as profissões liberais, ou seja, a finalidade essencial é a transmissão da teoria. A relação entre formador e formando se estabelece mediada pelo conhecimento; pressupõem que o formador produz o conhecimento pela investigação e, depois, transmite para os professores que atuam na prática da educação básica.

- A forma escolar: constitui o ensino legitimado pela sociedade por meio do Estado, tem caráter oficial. São os cursos propostos pelas Secretarias de Educação e podem partir dos problemas da prática docente, como também podem assumir a forma de cursos teóricos. Direcionam-se para mudar a prática existente.

- A forma contratual: há contrato entre os envolvidos e a instituição que contrata o formador. O formando é vinculado à empresa e realiza sua formação durante seu horário de trabalho. Esse processo ocorre em serviço, por meio de cursos.

- A forma interativo-reflexiva: relaciona-se à formação em serviço com pesquisa-ação, reflexão na ação e da ação. As problemáticas analisadas são as da realidade da sala de aula e, preferencialmente, resolvidas em tempo e lugar real. Na escola, os professores com maior tempo de trabalho contribuem na formação de professores que estão em início de carreira. Nesse modelo predomina a análise da prática.

Os modelos acadêmicos geram títulos e estão vinculados à carreira do professor. Os modelos da prática não necessariamente integram a carreira docente, mas podem contribuir em nossa profissionalização. Há, também, formas mistas que permitem a formação na prática com acompanhamento da universidade.

No Brasil, estão sendo realizados vários programas de formação, que incluem orientação de professores universitários. Entre esses programas estão os do tipo "vale-saber", como o da Secretaria de Educação do Estado do Paraná, iniciado em 1995, em que o professor apresenta um projeto de trabalho a ser desenvolvido individualmente ou em grupo na escola, com orientação de um professor universitário. Durante o desenvolvimento do trabalho, o professor recebe uma bolsa. A participação no programa é voluntária.

Recentemente, foi criada a Rede Nacional de Formação Continuada de Professores de Educação Básica, com o objetivo de contribuir para a melhoria da formação dos professores e dos alunos. É composta por universidades que constituem Centros de Pesquisa e Desenvolvimento da Educação. Cada um desses centros mantém uma equipe para coordenar a elaboração de programas voltados para a formação continuada dos professores de educação básica em exercício, nos Sistemas Estaduais e Municipais de Educação.

Embora não constitua caráter obrigatório, a formação continuada do professor está vinculada à estruturação da carreira em níveis, cujo acesso se estabelece pela combinação *tempo de serviço mais qualificação titulada*, o que torna a formação continuada um requisito para a melhoria salarial. As modalidades e exigências são diferenciadas para a rede pública e privada, para a educação básica e para a educação superior.

Para que o professor possa mudar sua metodologia, é preciso que ele tenha vontade de mudar, como ensina Dewey (1959). Os problemas e pressões das situações em aula exigem do professor novas respostas, alterando os procedimentos. São possibilidades para introduzir inovações na prática pedagógica. As mudanças incluem a qualificação e melhoria da prática.

Entre as alternativas incluem-se a padronização dos currículos e dos materiais didáticos; novos procedimentos de avaliação e planejamento; organização de projetos coletivos de trabalho; maior controle do processo de aprendizagem; participação nas proposições de melhoria da organização escolar.

Os maiores problemas e dificuldades na organização da formação continuada incluem falta de verbas, dificuldade para liberação do professor, falta de local, horários incompatíveis, falta de infraestrutura espacial e didática, falta de articulação entre universidade e escola, desmotivação do professor e a dificuldade de avaliar a prática pedagógica. Podemos, ainda, citar discordâncias com o objetivo da formação contínua entre o professor e as agências formadoras, bem como o estabelecimento da relação entre teoria e prática.

A formação continuada é uma exigência para os tempos atuais. Desse modo, podemos afirmar que a formação docente acontece em um *continuum*, iniciada com a escolarização básica, que depois se complementa nos cursos de formação inicial com instrumentalização do professor para agir na prática social, para atuar no mundo e no mercado de trabalho; prossegue ao longo da carreira do professor pela reflexão constante sobre a prática, e na continuidade de estudos em cursos, programas e projetos.

Destacamos também que a formação continuada não tem sido sistemática e muitas vezes assume um caráter imediatista. Atualmente, há uma valorização da formação contínua na escola. Várias experiências têm sido desenvolvidas, como participação em eventos, cursos durante o trabalho, nas férias e na modalidade a distância.

Os professores reivindicam formação contínua e melhores condições de trabalho. É necessário pensar e propor sistematicamente ações para promover o desenvolvimento pessoal e profissional. Para o sucesso de um programa de formação continuada, é importante a realização de diagnóstico das necessidades formativas dos professores, ou seja, um dos princípios dos programas de formação de professores consiste em fornecer respostas para as necessidades de desenvolvimento profissional indicadas pelos professores. Os diferentes níveis e categorias de necessidade de formação envolvem as situações relativas aos alunos, ao currículo e a nós mesmos (Marcelo, 1999).

Tornam-se fundamentais as avaliações dos programas, sendo absolutamente necessário incluir várias categorias no levantamento de dados. Entre elas, verificar como os professores percebem os fins da educação, os conteúdos curriculares, métodos, recursos de ensino e as práticas de avaliação.

A avaliação dos programas precisa considerar as características dos participantes, o ambiente em que se realizam as atividades formativas e sua duração. Outro aspecto reporta-se aos propósitos do programa e quais mudanças pretende realizar na prática pedagógica e na organização escolar. As universidades podem contribuir por meio de projetos de investigação diagnóstica e avaliativa e mesmo no desenvolvimento de projetos de formação continuada.

A formação exige, para além das modalidades e formas de trabalho, atenção quanto ao desenvolvimento profissional e pessoal dos professores, trata-se de um processo evolutivo e continuado, e inclui a valorização dos aspectos contextuais e históricos quanto à organização e gestão escolar. Essas preocupações contribuem para a proposição de mudanças na prática pedagógica.

A discussão da formação política do professor proposta nos processos de formação docente é outro aspecto importante a ser considerado, pois nós, professores, participamos dos processos de mudança social. Nossa atuação interfere na formação dos cidadãos e o compromisso ultrapassa a sala de aula.

Nesse sentido, todos esses aspectos são transversos à formação inicial, à formação continuada e à atuação do professor nos diferentes níveis e modalidades de ensino. Os processos de formação, a produção de conhecimento na área, a profissionalização docente, a formação política do professor, entre outros, são articulados ao desenvolvimento da prática educativa (Alves, 1999).

3.3 Processos de formação de professores

A seguir, apresentamos os processos de formação de professores mais difundidos e empregados nos programas realizados nessa perspectiva. Na elaboração do roteiro de estudo, foram consultados vários autores nacionais e estrangeiros, referenciados no decorrer do texto.

Convidamos você a analisar com atenção e anotar os aspectos mais significativos elaborados durante o estudo.

3.3.1 Processos de formação: reflexão na ação

Um dos modelos de formação de professores mais difundidos, na atualidade, é a *reflexão na ação*. Esse processo destaca a importância do pensamento prático dos professores. As proposições indicadas estão fundamentadas nos estudos realizados por Zeichner (1993), Schön (1992), Pimenta e Ghedin (2002).

Na realização da reflexão, as habilidades, os processos cognitivos e os metacognitivos contribuem na promoção da análise das práticas docentes. Entre esses processos e habilidades destacamos as empíricas, avaliativas, estratégicas e analíticas.

As habilidades empíricas consistem na capacidade de diagnosticar, ou seja, registrar dados para posterior análise. Esses dados podem ser as descrições das medidas disciplinares tomadas durante as aulas. As habilidades avaliativas direcionam a elaboração de julgamentos da importância dos resultados obtidos, como, por exemplo, os obtidos pelos alunos nos testes escolares. As habilidades estratégicas implicam agir de acordo com a situação, é o pensar durante e sobre a ação. Nesse caso, o professor, ao verificar que uma atividade proposta aos alunos não está sendo realizada corretamente, imediatamente precisa realizar os ajustes necessários. As habilidades analíticas são as direcionadas com capacidade de relacionar a análise com a prática, os meios com os fins, como as comunicações dos alunos com os trabalhos realizados em grupo; discussão em grupo e elaboração de ideias; exame dos dados levantados e posterior inferência de uma teoria a partir deles.

Os processos reflexivos exigem atitudes e disposição. Entre as atitudes identificadas por diversos autores estão: mentalidade aberta, responsabilidade e entusiasmo. Nesse modelo, a prática é o eixo central, o ponto de partida da reflexão. A clássica separação entre teoria e prática é substituída por uma relação permanente entre elas. A prática constitui-se em mais que um campo de aplicação, é um processo de investigação em que o pensamento prático assume uma perspectiva de totalidade. Também constitui momento criativo, próprio para invenção, para a diferença. O pensamento prático não é ensinado, mas pode ser aprendido e, geralmente, pressupõe a participação dos envolvidos juntamente com a intervenção do tutor, do supervisor. Trata-se de um processo de análise coletiva. É preciso colocar em evidência um fato ocorrido durante a aula, e, a partir dele, estabelecer o debate, desvelar os pressupostos didáticos presentes, descrever criticamente o fenômeno.

Para Schön (1992), os centros de formação constituem escolas de desenvolvimento profissional; a valorização da experiência inclui a própria formação do formador. Os métodos de investigação etnográficos e qualitativos podem representar diferenciais de qualidade significativa.

A reflexão pode assumir três níveis diferentes: técnica, prática e crítica. O primeiro nível corresponde à análise das ações explícitas, o que fazemos e podemos observar; o segundo nível é o do planejamento e da ação, o que foi concebido e o que foi realizado; o terceiro nível é o das considerações éticas e políticas da prática e suas repercussões para o desenvolvimento de uma consciência crítica.

As formas de reflexão podem ser por:
1. introspecção, que é interiorizada e realizada por meio de análises de biografias da vida de professores – em que cada professor reflete sobre sua história de vida – sua profissão e sua prática. Os diários de classe

podem ser utilizados como material de reflexão;
2. exame realizado após a ação docente, o professor examina sua ação prática individualmente ou em grupo; cada professor relata sua prática, seus diários e gravações das aulas para serem discutidos;
3. indagação, que procura desvendar as situações que não podem ser inferidas pelo relato das ações. Nesse caso as aulas podem ser gravadas em vídeo, assistidas por outro professor, o qual registra as situações para depois serem analisadas.

Com efeito, esses procedimentos reflexivos requerem preparo e orientação do professor para que as análises e avaliações possam resultar em modificações e produção de conhecimento sobre a ação pedagógica.

A reflexão exige aprofundamento do estudo dos fundamentos didático-metodológicos para a compreensão da prática docente. Veja que esta, como ponto de partida da investigação, requer que o procedimento de análise clínica e de pesquisa qualitativa constitua-se em um referencial na explicitação da aula.

As recomendações de Pimenta e Ghedin (2002) para efetivar processos de formação com base na reflexão indicam a necessidade de organizar "grupos de investigação" para que a prática possa ser refletida coletivamente na escola. Os autores alertam que a "teoria e prática são inseparáveis na profissionalização docente; os saberes teóricos se articulam aos saberes da prática, ao mesmo tempo ressignificando-os e sendo por eles ressignificados".

A organização dos grupos colaborativos de investigação envolvendo pesquisadores e professores requer condições para a sua implementação, caso contrário, constitui discursos novos sobre formação que serão "esvaziados", ou seja, sem significação na mudança da ação e profissionalização do professor.

Essa forma de reflexão na ação tem sido muito acatada, pois o uso de vídeos, com situações de sala de aula, permite realizar uma avaliação da prática docente com mais propriedade do que a avaliação realizada pelos alunos. Por meio da gravação podemos observar o aluno, propor novas perguntas, encontrar o modo como os alunos estão compreendendo e realizando a aprendizagem. A partir daí é possível refletir sobre a ação.

A reflexão na ação é complexa e exige uma observação atenta de como os alunos resolvem as situações de aprendizagem. Poderemos, por meio da reflexão na ação, compreender os conhecimentos que o aluno traz para a escola.

Quando esse processo é desencadeado, os conflitos com os processos burocráticos da escola podem acontecer, pois se forem detectadas situações que precisam ser recuperadas, devido aos conteúdos já programados, fica mais difícil alterá-los. Uma das formas de enfrentamento da burocracia escolar está em procurar desvendar as causas da evasão e repetência escolar. Essa análise, se realizada coletivamente, poderá apontar as mudanças necessárias na prática pedagógica.

As aprendizagens desse processo podem ser realizadas em situações virtuais, de ensaio, para o professor tomar consciência das dificuldades que enfrenta na aula, para detectar erros de conteúdo, situações conflituosas na relação com os alunos, para perceber metodologias inadequadas. É necessário que outros professores e especialistas acompanhem e possam demonstrar algumas alternativas e sugestões de melhoria.

Três dimensões precisam ser trabalhadas em conjunto: a primeira trata da compreensão das matérias pelo aluno (como o aluno realiza sua aprendizagem), a segunda da interação entre professor e aluno e a terceira da dimensão burocrática da prática (a relação do professor com a instituição).

Formar um professor que reflita na e sobre a sua prática requer, portanto, condições de realização, como tempo de permanência além das aulas, serviços de apoio para gravação das aulas, tempo para realização de reuniões de avaliação e especialistas para auxiliar na avaliação das aulas.

As maiores barreiras para a introdução de um programa de formação reflexiva, na e sobre a prática, são os saberes, a cultura escolar e a cultura universitária, pois a estrutura de formação tem sido fornecer conhecimentos e depois desenvolver a prática. A direção do processo de formação é assimétrica, o ponto de partida é a prática e não a teoria, ainda que ambas estejam articuladas.

Para Pimenta e Ghedin (2002), as bases teóricas dos processos reflexivos incorporam os pressupostos de Luria*, indicando a importância dos conhecimentos da experiência como possibilidade de promover mudanças nos sujeitos, uma epistemologia da prática por meio da análise, reflexão e problematização. Segundo os autores, o conhecimento da ação não a precede, pois está na própria ação e torna-se um hábito; os desafios diferenciados precisam de novos modos de ação, exigindo a reflexão sobre a reflexão na ação. Nesse processo há uma valorização da pesquisa na ação profissional; a reflexão é base para o professor-pesquisador sobre sua prática.

As principais críticas aos pressupostos de Schön direcionam-se para as condições do exercício da reflexão e da prática social, bem como a articulação com a teoria. Essas condições não podem ser menosprezadas; novas configurações da tecnologia e do mundo do trabalho, da realidade da escola, dos currículos de formação de professores são aspectos presentes na ação docente.

A produção do saber docente a partir da prática precisa superar o praticismo e a individualização. A reflexão, por si só, perceba, é insuficiente para resolver os problemas educativos, além disso, a banalização dos processos reflexivos, pela sua simplificação, promove limitação da identidade epistemológica dos processos de formação docente por limitar a ação docente ao espaço da sala de aula. É preciso que linguagem, sistema de valores, processos de compreensão e a forma de como definir o conhecimento estejam incluídos na pesquisa do professor sobre sua prática.

Os elementos fundamentais na produção do saber docente incluem a verificação do compromisso e da responsabilidade pública dos processos educativos; não reduzir o processo de ensino aos aspectos exclusivamente individuais e ao espaço da sala de aula; não limitar o processo de formação continuada e treinamento de habilidades dos professores. Colocar a reflexão passo a passo e de modo sequenciado pode conduzir a formação ao uso de técnicas sem críticas.

A teoria dota os sujeitos de pontos de vista sobre o contexto histórico, social, cultural, organizacional, porque o professor atua num mundo carregado de valores, intercâmbios simbólicos, correspondências afetivas, interesses sociais e cenários políticos. Com isso, a percepção docente é mediada quanto à realização de outras reflexões para além do cotidiano da ação. O movimento da reflexão inclui o coletivo, portanto incorpora o pensar do outro que é o espelho para o seu próprio pensar, não apenas como imagem refletida, mas os muitos reflexos da imagem (Lima, 2003).

Na perspectiva crítica, o processo de reflexão assume as categorias da dialética como direcionadoras da análise da prática e resume-se em assumir a teoria como expressão da prática, tomando esta última como ponto de partida. Importa explicitar as implicações das ações dos professores no enfrentamento dos problemas do cotidiano diante das contradições sociais. A prática é contextualizada historicamente, está em movimento pela permanente relação estabelecida entre os sujeitos, os grupos, as classes sociais e as condições da realização do trabalho. As ações podem configurar movimentos de resistência a essas condições existentes. As respostas geradas coletivamente não representam a única solução possível (Martins, 2003).

A seguir, você encontrará alguns pontos sobre a reflexão apresentados por Libâneo (2002), que questiona: O professor reflexivo seria uma nova forma de pragmatismo? Será um novo modismo reducionista da formação docente aos aspectos estritamente práticos?

Observe o que esse autor considera como pontos fundamentais para promover a reflexão:

1. a autoanálise, que consiste em voltar-se sobre si mesmo, como se dobrássemos o próprio processo de conhecer. É uma tomada de consciência sobre os seus próprios atos, um conhecimento do conhecimento do sujeito, um pensar sobre si para formar uma teoria e reorientar a prática;
2. a relação entre a reflexão e a prática são decorrentes da análise [da] situação concreta e não apenas da descrição da ação. A experiência é pensada para posterior redirecionamento, produzindo a ação-relação entre os atos realizados e transformações produzidas;
3. há uma realidade que existe e pode ser captada pela autorreflexão, um esforço para captar o movimento, as relações e nexos para construir uma explicitação do real. Trata-se de realizar uma construção teórica, uma relação de prática e teoria crítica de caráter político, de verificar as condições que produzem a alienação, injustiças e relações de dominação; todas essas são questões a serem refletidas;
4. para efetivar a reflexão, o rigor e a crítica são atitudes necessárias.

Descrevendo a evolução do processo de reflexão, Libâneo (2002) expõe que o movimento dos anos 1960 nas associações estudantis permitiu a formação de consciência crítica de seus militantes e impuseram rumo à maturidade do conhecimento e da liberdade. Paulo Freire é um marco e uma referência dessa análise crítica dos fatos, considerando os sujeitos cognoscíveis na relação sujeito--objeto. Com efeito, é necessário levar em conta o contexto concreto, porque é histórico e contextualizado.

Durante os anos 1980, o movimento de reflexão dialética favoreceu a consciência crítica por buscar compreender os nexos internos e suas relações sociais. Posteriormente, a reflexão fenomenológica favoreceu a percepção de significados e de diversidades existentes no sistema educacional. O movimento das competências do pensar realizado nos Estados Unidos e na Europa, nos anos 1970, teve por indicador a resolução de problemas para a tomada de decisão e a criatividade. No entanto, mais tarde, o direcionamento assumiu uma formação para o mercado de trabalho e para a cidadania democrática (Libâneo, 2002).

Os novos entendimentos dos processos reflexivos incorporam as discussões da escola de Frankfurt, entendendo o professor como um intelectual crítico reflexivo (Giroux, 1997). A crítica inclui a compreensão da educação em seu contexto amplo e incorpora uma reflexibilidade de cunho político, em oposição às posturas neoliberais. Essas posturas direcionam-se para uma racionalidade instrumental, mas a reflexão crítica pressupõe o desenvolvimento de uma reflexão que realiza o distanciamento da prática para vê-la, entendê-la, avaliá-la.

O senso comum sobre as práticas, não descartado, assume uma perspectiva de metarreflexibilidade, ou seja, apropriação teórico-prática das atividades em contextos concretos da ação docente. Nessa perspectiva, a crítica entende a atividade como necessidade de sobrevivência, de reação, de resistência. O professor na sala de aula necessariamente terá uma ação – a consciência sobre essa ação é que a qualifica para além dela – que permite perceber seu significado no conjunto das relações sociais.

3.3.2 Processos de formação: a pesquisa

Os processos que utilizam a realização de pesquisa pelos professores são a segunda perspectiva de formação de professores. Nesse item, vamos examinar e estudar os pressupostos desse processo. Convidamos você para refletir sobre essa prática de formação.

Nessa perspectiva, os projetos de pesquisa podem ser realizados por grupos de professores ou individualmente. Entre os temas a serem investigados, podem ser considerados os objetivos da escola, os procedimentos de ensino, a avaliação da aprendizagem, a relação do professor com os alunos. No entanto, a escolha de problemas da realidade escolar é fundamental para o avanço da melhoria do processo.

A realização de pesquisa favorece a socialização de forma sistemática do conhecimento científico, integrando as gerações no ideário da sociedade moderna para uma nova cultura. Esse conhecimento permite o desenvolvimento de habilidades de investigação e de análise, superando uma interpretação baseada somente no conhecimento empírico, pois ao sistematizar os dados e explicitá-los, ampliamos os nossos conhecimentos, revemos nossas crenças e encontramos novas alternativas para a prática do ensino.

Na formação de professor, de acordo com André (2002), a pesquisa assume papel didático como possibilidade de compreender a prática, constituir indicativos teóricos sobre o saber docente e a possibilidade de contribuir com a profissionalização e autonomia do professor.

A seguir, apresentamos uma síntese dos pontos abordados e enfatizados no exame da relação pesquisa-formação docente. Convidamos você a incluir essa questão no seu estudo. O professor realiza pesquisa para melhorar suas aulas e sua prática pedagógica? Qual a contribuição da pesquisa para a sua formação?

O movimento de valorização da pesquisa na formação de professores, a chamada investigação-ação, tem sua origem nos anos 1960 na Inglaterra, nos currículos formulados pelas escolas de inovação. Esse movimento encontra forte interlocução na pesquisa e formação do professor da educação básica, sendo desenvolvido em outros países, como as propostas de Elliot, Stenhouse, Shön, Zeichner, Carr e Kemmis, que têm sido alvo de estudo e investigação.

No Brasil, as proposições de formação com base na pesquisa ocorreram, mais recentemente, no final dos anos

1980 e intensificaram-se na década de 1990 (André, 2001). A pesquisa de sala de aula, ou seja, as relações que acontecem durante as aulas, como objeto de estudo da didática, foi indicada em André (2002), para ser investigada segundo diferentes abordagens metodológicas. Essa perspectiva foi ampliada com as propostas alternativas do ensino de didática e recorremos a André e Oliveira (2003), que discutem o papel didático da pesquisa na formação docente.

Quanto a Pimenta (2003), a proposta é a articulação entre ensino e pesquisa no estágio supervisionado por meio de projetos de investigação da realidade.

A baixa integração entre a pesquisa e a prática pedagógica decorre da estruturação do campo acadêmico nas universidades, assim como a complexa relação entre as áreas do conhecimento; da pouca interação entre as instituições de formação e pesquisa com o campo editorial, para maior divulgação da pesquisa, o que facilitaria o acesso aos professores da educação básica; do afastamento dos órgãos responsáveis pela formação do professor com a universidade. Esses distanciamentos têm gerado a contestação do movimento de formação do professor-pesquisador e do papel da pesquisa e sua contribuição na formação docente (André, 2000).

Destacam-se, igualmente, os estudos de Lüdke (2004), que aponta os impasses dessa relação pesquisa-formação de professores. A autora chama atenção nas diferentes experiências da pesquisa da prática pedagógica, como o Programa Agência de Formação de Professor, realizado na Inglaterra em 1996, e avaliado por Foster – pesquisador inglês – indicando os 231 trabalhos inscritos, dos quais apenas 27 selecionados abordavam problemas de sala de aula e da prática escolar. Segundo a autora, a realização de pesquisa por professores traz para o centro da discussão o que pode ser considerado como pesquisa da prática docente, pois é questionada, e existe dificuldade em considerar, como pesquisa, os estudos realizados por professores. A maioria desses estudos apresenta falta de clareza do objeto de pesquisa, pouca explicitação da metodologia empregada na investigação, além de uma frágil análise interpretativa. Para Lüdke (2004), um dos principais problemas está na pouca consistência da análise dos dados para comprovar os resultados.

Além disso, os professores têm dificuldade de conduzir pesquisas, pois são atividades que exigem uma dedicação intensa, disponibilidade de tempo e condições para o acesso a fontes. Geralmente, essas dificuldades têm sido subestimadas. Uma das melhores alternativas para a consolidação da pesquisa na e sobre a prática docente, para Lüdke (2004), tem sido a parceria entre a universidade e a escola.

Nas análises, cabe ainda destacar a pesquisa realizada por Lüdke (2004) sobre a investigação efetuada pelos professores formadores, ou seja, professores que atuam em cursos de licenciatura. Diz a autora que os professores reconhecem a importância da pesquisa para a formação docente. No entanto, não há consenso sobre o tipo de pesquisa mais adequado para o magistério da educação básica. Os resultados também indicaram que a organização dos currículos dos cursos de licenciatura continua não privilegiando o desenvolvimento da inclusão da pesquisa como eixo da formação docente. Para os informantes consultados durante a pesquisa, a contribuição dos programas de bolsa aos estudantes, como os de iniciação científica, a realização dos trabalhos monográficos ao final do curso, a participação dos alunos nos grupos de pesquisa e o fortalecimento da pesquisa devido à expansão dos programas de pós-graduação podem contribuir para a ampliação da pesquisa nos cursos de licenciatura. A autora ainda esclarece que há dissonância sobre qual seria o tipo de pesquisa capaz de contribuir de modo significativo para o desenvolvimento dos professores e que não há critérios claros para a avaliação das pesquisas dos professores da educação básica.

Na mesma perspectiva, Santos (2001) tem realizado questionamentos sobre os dilemas e abordagens na relação ensino-pesquisa. Argumenta que a pós-graduação foi ampliada, mas não revela contribuições significativas para a melhoria dos recursos de graduação, pois é pequena a relação ensino-pesquisa. Nas universidades, a valorização da pesquisa, que geralmente utiliza a maioria dos recursos existentes, propicia *status* aos pesquisadores, mas sem que estabeleça mudanças ou reflexões significativas na prática dos mesmos. A autora reconhece a urgência da necessidade da articulação entre ensino e pesquisa, sobretudo nos cursos de formação de docentes.

Para Schön (1992), o profissional reflexivo elimina a distância entre a pesquisa e a atividade profissional. Argumenta esse autor sobre a seriedade das reflexões realizadas pelo professor e defende que há o abandono de posição diferenciadora das reflexões produzidas pelos professores e a pesquisa acadêmica. Segundo ele, é importante o professor identificar as relações entre os problemas de ensino vivenciados no cotidiano com as propostas de solução existentes na literatura. Destaca suas experiências, em que os professores colocam em ação as alternativas planejadas, que podem corrigir os desvios na prática pedagógica se utilizarem a observação e a reflexão. Afirma Schön (2000) que há uma arte da sistematização de problemas, uma arte de implementação e uma arte da improvisação – todas necessárias para mediar o uso, na prática, da ciência aplicada e da técnica. Imagine que você experimenta uma surpresa inicial diante de um acontecimento em aula, e, em seguida, passa a repensar seu processo de conhecer-se na ação, de modo a ir além dos próprios fatos, passando a analisá-los usando as teorias. Você responde aquilo que é inesperado ou anômalo por meio da reestruturação de suas estratégias de ação, bem como das formas de conceber o problema e inventa experimentos imediatos para testar suas novas compreensões. Comporta-se como um pesquisador buscando uma sistematização de suas novas ações.

Para Cochram-Smith e Lytle (2001), o movimento do professor-pesquisador não é uma onda passageira, pois a pesquisa para o seu desenvolvimento profissional é fundamental. Segundo os autores, a pesquisa favorece o desenvolvimento do professor como agente de mudança e de produção da teoria crítica em educação. A pesquisa ajuda a encontrar soluções e a lidar com pressupostos e representações, tornando o professor um produtor do conhecimento e não apenas consumidor. As principais críticas reconhecem esses autores e giram em torno do tipo de conhecimento produzido, ou seja, é necessário gerar uma produção de conhecimento teórico a partir do conhecimento prático.

Destacam-se, ainda, os estudos realizados por Zeichner (1993) sobre a formação reflexiva de professores, que procura induzir os mestres a realizarem análise crítica da prática como participantes de projetos de pesquisa. Nesse caso, por meio de estudos etnográficos e da pesquisa-ação, que privilegia os estudos de casos.

Outro autor que discute a relação entre a pesquisa e a formação de professores é Perrenoud (1993). Suas preocupações apontam questões relacionadas ao tipo e finalidade da pesquisa na formação inicial. Para ele, a pesquisa é um processo que pode favorecer a participação dos futuros professores em projetos de investigação científica, realizando o confronto de dúvidas e incertezas com a apropriação dos conceitos. Segundo o autor, ela, ainda, desenvolve habilidades como motivação, curiosidade, vontade de encontrar explicações, constatação de que as necessidades são de natureza complexa. O trabalho em pesquisa ajuda a refletir sobre o ponto de vista de um determinado fenômeno. Entre os pontos críticos levantados pelo autor, a pesquisa é indicada como desvinculada da ação docente, e, em decorrência disso, os professores participantes podem ter as atividades restritas à realização de levantamento e sistematização de dados e virem a ser mão de obra barata na execução de tarefas rotineiras da pesquisa, não propiciando a formação do professor-pesquisador.

Destaca Hubermam, citado por Marcelo (1999), que o propósito da pesquisa na formação docente não é o desenvolvimento de professores-pesquisadores. Trata-se da realização de trabalhos conjuntos entre professores e pesquisadores em que é possível empreender o refinamento de suas metodologias de pesquisa e de ensino, compartilhar problemas e encontrar alternativas de encaminhamentos.

Gimeno Sacristan (1999) indica como questões a serem consideradas, na realização da pesquisa por professores, a verificação das condições de trabalho do professor e a formação cultural do mesmo. Para o autor, o problema da formação para a pesquisa é muito mais complexo, pois a ciência dos cursos de formação não contribui para a intensificação do pensar; o pensamento não explica a ação, pois é parte dela, o que implica a exigência do desenvolvimento do *habitus* cultural.

Outra vertente de análise, realizada por Charlot (2000, é de que a pesquisa educacional não entra na sala de aula e não se direciona para estabelecer a relação teoria-prática, como também os professores da educação básica não estão em contato com a universidade e consideram a realização de pesquisa uma atividade maçante. Isso tudo gera o afastamento da pesquisa na sala de aula. Além disso, Charlot aponta ambiguidades e dicotomias na efetivação desse processo, tais como a abordagem do conhecimento no ensino, que é realizada de modo global. Já a pesquisa analisa dados, fatos, para depois favorecer a elaboração de conclusões. O ensino tem objetivos predefinidos a serem realizados, o professor decide imediatamente em sala de aula, sem tempo suficiente para refletir. O papel da pesquisa não é dizer o que o professor deve fazer, mas melhor entender o que está acontecendo na sala de aula, percebe a diferença?

Ressaltam-se, ainda, as considerações de Soares e Maciel (2000). Para as autoras, os professores, ao realizarem pesquisa, apreendem e aprendem processos de produção do conhecimento; destacam a investigação como parte de qualquer atividade, o que não significa constituir-se pesquisa em sentido estrito. Há a necessidade de formar um docente inquiridor, questionador, que problematize criticamente sua prática, para o desenvolvimento de uma atitude ativa, autônoma, criativa e comprometida.

Do conjunto dessas reflexões é possível depreender que a integração entre ensino e pesquisa favorece a melhoria da formação docente. A realização de pesquisa pelos professores contribui significativamente para seu desenvolvimento profissional. No entanto, as modificações da forma de realização da pesquisa não constituem as questões substantivas para a melhoria desse processo. A realização da pesquisa acadêmica em programas de pós-graduação não representa necessariamente o modelo a ser adotado para o desenvolvimento dos professores. No entanto, a realização de pesquisa precisa de um direcionamento metodológico e intencional adicionado à realização da análise crítica da prática. O movimento da realização da pesquisa pelos professores colocou novas perspectivas no campo da ação docente, em que investigar, questionar, confrontar é necessário, independente de se atribuir o rótulo de pesquisa a esse tipo de atividade.

Destacamos que o professor pesquisador opta por lutar pela formação continuada, faz da pesquisa a base do ensino, amplia as capacidades e o aperfeiçoamento autogestionado de sua prática. Entende as possibilidades do desenvolvimento do currículo como meio de pesquisa e em contraposição a uma postura técnica limitada à execução e introduz na ação cotidiana uma postura autocrítica.

A investigação poderá resultar na percepção do tempo como um espaço de produção, ou seja, à medida que o professor pesquisa sua prática, reconhece a importância e o valor das atividades em relação aos propósitos.

A pesquisa poderá contribuir para a passagem de uma atitude de submissão à ordem, do cumprimento burocrático do ensino para uma postura política, superando a alienação, para uma participação social mais efetiva. Inclui a ampliação de suas expectativas e a elevação da prática como ponte para o saber.

Convidamos você a enfrentar esses desafios e começar um programa de formação, realizando uma pesquisa de sua ação docente e se possível desenvolvendo algum projeto sobre.

3.3.3 Processos de formação: histórias de vida

Existem muitas histórias diferentes de professores sobre os motivos da escolha dessa profissão. Você deve conhecer algumas, não é verdade? Alguns decidem ser professores porque tiveram bons professores no seu processo de escolarização, outros porque era o único curso existente na sua cidade. Outros provêm de famílias em que a maioria é professor.

A análise da história de vida constitui um processo de formação de professores. A reflexão a partir desse viés considera a prática docente como fundamento para a realização de análises. O debate sobre a objetividade e validade científica e sobre o recurso de histórias de vida tem sido objeto de discussões tanto na psicologia como na sociologia. Afirma Nóvoa (1992b) que

> a qualidade heurística destas abordagens, bem como as perspectivas de mudança de que é portadora, residem em grande medida na possibilidade de conjugar diversos olhares disciplinares, de construir uma compreensão multifacetada e de produzir um conhecimento que se situa na encruzilhada de vários saberes. "As autobiografias mantêm o sujeito orientado para os temas nos quais a sociologia está interessada" e são advindas da história individual de relações com a vida escolar, o conhecimento, os professores e o aprendizado.

Os textos autobiográficos possibilitam compreender a metodologia para formar professores, considerando processos reflexivos sobre a própria memória das experiências. A memória pode conter as "transações passadas com a instituição escolar", pois ao longo de sua vida "o sujeito constrói o seu saber ativamente, num processo que se faz por avanços e recuos, construindo relações específicas com o saber e o conhecimento, que acabam por se encontrar no cerne da identidade pessoal" (Nóvoa, 1992b).

Trata-se de produção de sentidos sobre as experiências de vida, que se relacionam com o processo de formação.

Nos cursos de formação de professores, essa dimensão pode ser potencializada por ser essa experiência diretamente relacionada com o processo de formação. O futuro professor, durante sua vida escolar, foi objeto da ação de muitos outros professores; como profissional, deverá trabalhar com o saber que será adquirido pelos seus alunos. Perceba que isso quer dizer que o professor realiza a mesma atividade profissional pela qual foi formado.

Analisar as histórias de vida em que os indivíduos se aperfeiçoam, contextualizam o presente, situam os acontecimentos ao longo do desenvolvimento profissional, contribui para a consciência de si. Isso explica por que fazemos o que fazemos, oferece uma oportunidade de reapreciação, sugere possibilidades de mudanças e revela as tendências das práticas adotadas que temporariamente estavam submersas, isto é, pareciam esquecidas e de repente são lembradas e colocadas em ação.

O trabalho com história de vida permite a catarse e torna-se terapêutico. É um exame detalhado do cotidiano, das circunstâncias vividas na busca da satisfação profissional (Catani, 1996). É, ao mesmo tempo, uma revisão dos acontecimentos e experiências de modo instrutivo, formador. As histórias de vida nunca são as mesmas. O essencial da formação reside no processo de análise dessas experiências. Mas, há indicadores comuns para a análise das histórias singulares dos sujeitos, como os seguintes pontos de referência:

a) o contexto familiar: como o lugar que marca o processo de autonomização; as pessoas que exercem influência sobre as decisões de uma pessoa são evocadas nos momentos decisivos. Esse processo relacional, estabelecido na família, tem semelhanças com o processo de socialização;

b) o processo de escolarização: os professores, os colegas, os acontecimentos da vida na escola representam fortes motivos de tomadas de decisão para a escolha profissional. O fracasso e sucesso na escolarização condicionam as decisões posteriores;

c) a vida profissional: valorização da carreira, responsabilidade dos erros e das decisões, as situações relacionais assumem alta significação nas decisões em continuar em uma determinada profissão.

Nos processos autobiográficos é preciso estar atento para as memórias negadas e as memórias menos valorizadas. Muitas vezes, uma experiência que causou impactos de sofrimento para uma pessoa não é relatada. Também, determinados fatos não aceitos como corretos em um grupo são silenciados.

Os processos de reflexão realizados com base na história de vida permitem a autonomização do sujeito, sua responsabilidade e interiorização para com valores e significados. Os procedimentos incluem discussões em grupo e com os professores responsáveis pelo processo: a busca de eixos articuladores recorrentes no grupo que possam ser de algum modo significados e a organização de um quadro de recorrências e ressonâncias de modo a propiciar oportunidades para que as pessoas situem as suas histórias de vida e as decisões profissionais.

Síntese

Este capítulo objetivou trazer até você a importância dos cursos de formação continuada, presenciais ou EaD. Dentro desses cursos foram destacados três processos distintos: os de reflexão, os de pesquisas e os de histórias de vida. Todos importantes para a formação do professor, mas cada um com suas especificidades, que você pôde conhecer, mesmo que sucintamente.

Convidamos você agora a verificar seus conhecimentos após a leitura deste terceiro capítulo. Vamos aos exercícios?

Atividades de autoavaliação

1. Relacione o tipo de habilidade com a característica a ela relacionada e, em seguida, assinale a alternativa correta:

   I) Empíricas
   II) Avaliativas
   III) Estratégicas
   IV) Analíticas

   ( ) Registra dados para posterior análise.
   ( ) Relaciona a análise com a prática.
   ( ) Prioriza o agir durante e sobre a ação.
   ( ) Julga os resultados obtidos.

   a) IV, III, I e II.
   b) I, II, III e IV.
   c) IV, II, I e III.
   d) III, IV, I e II.

2. Sobre as formas de reflexão, em número de três, podemos afirmar:

   a) O nível técnico corresponde à análise das ações implícitas.
   b) Elas podem se dar por introspecção, exame e indagação.
   c) O terceiro nível objetiva desenvolver as habilidades na prática.
   d) O segundo nível é o que objetiva a criticidade do docente sobre os resultados obtidos.

3. Sobre os programas de formação continuada, NÃO podemos afirmar:

   a) Têm como objetivo a melhoria do ensino para o discente e para o docente.

   b) Não podem ser viabilizados no formato EaD, pois precisam incluir saberes científicos, críticos, didáticos, relacionais e o saber-fazer pedagógico.

   c) Professores iniciantes e experientes têm preocupações diferentes entre si.

   d) A discussão sobre os saberes é considerada algo básico em um processo de formação continuada, que implica a construção da profissão de professor.

4. Ainda sobre os processos de formação, identifique as proposições corretas e assinale a alternativa que corresponde à sua resposta:

   I) Falta de verba, dificuldades para liberação dos professores, falta de local e horários compatíveis, desmotivação do professor, entre outros, são alguns dos problemas encontrados na organização da formação continuada.

   II) A formação docente é um *continuum* que se inicia na formação básica e não acaba, pois precisa continuar ao longo da carreira do profissional.

   III) O processo de formação de professor mais difundido atualmente é o "reflexão na ação", que destaca justamente o aspecto reflexivo dos docentes.

IV) As habilidades empíricas implicam agir de acordo com a situação, ou seja, pensar antes e durante a ação.
a) I e II.
b) I e III.
c) I e IV.
d) II e IV.

5. Assinale as alternativas corretas sobre as pesquisas e as histórias de vida e depois marque a opção que contemple sua resposta:

I) Existe uma integração muito pequena entre a pesquisa e a prática pedagógica.

II) O papel das pesquisas é mostrar ao professor o papel que ele deve fazer e ajudá-lo a entender o que acontece na sala de aula.

III) As pesquisas podem contribuir no sentido de que podem propiciar aos professores uma espécie de desalienação e uma participação social mais afetiva.

a) I e II.
b) II e III.
c) I e III.
d) Não existe nenhuma alternativa correta.

Atividades de aprendizagem

Questões para reflexão

Neste capítulo afirmamos que os professores com mais tempo de trabalho contribuem na formação dos professores em início de carreira, lembra-se disso? Pois bem:

1. O que você pensa sobre isso?
2. É assim que funciona na prática?
3. Já teve alguma experiência positiva nesse sentido?

Atividade aplicada: prática

1. Neste capítulo vimos que a formação continuada é dividida em duas categorias: a formal e a informal. A informal consiste na prática e no dia a dia do professor. Tendo isso em vista, faça um "diário" de suas aulas. Anote os acontecimentos mais interessantes, aqueles que se destacam, por um ou outro motivo, dos acontecimentos corriqueiros em sala de aula. Em um texto, analise esses acontecimentos, as ações empreendidas e os resultados obtidos.

Capítulo quatro

As pesquisas sobre formação de professores

As pesquisas sempre foram e serão fontes de grandes informações em qualquer área. Na nossa não seria diferente.

Este último capítulo trará a você alguns números recentes, as temáticas mais estudadas e as que ainda necessitam de investigações.

O tema *formação de professores* vem sendo investigado em pesquisas do tipo *estado do conhecimento*. Estas têm por finalidade realizar levantamentos do que se conhece sobre um determinado assunto, em uma determinada área. Trata-se de um balanço no qual se verifica o que foi pesquisado sobre um determinado tema de interesse para a melhoria dos estudos naquela área.

Sobre a formação de professores, vários estudos sobre o estado do conhecimento vêm sendo realizados. A maioria deles focalizou a década de 1990. Entre eles, destaca-se o realizado por André, Simões, Carvalho e Brzezinski (1999), que verificou as teses e dissertações, os artigos de periódicos e os trabalhos sobre formação de professores apresentados na Anped, no período de 1990 a 1996.

Posteriormente, André (2000; 2002) e Romanowski (2002) realizaram o levantamento sobre as teses e dissertações no período de 1990 a 1998, e Ventorim (2005), por sua vez, pesquisou o estado do conhecimento sobre a formação do professor-pesquisador no período de 1994 a 2000.

Os estudos realizados mostram um aumento do número de pesquisas sobre formação de professores nos programas de pós-graduação, no Brasil, na década de 1990. Estudos sobre o período posterior começam a ser realizados, mas até o presente momento não foram divulgados. É preciso salientar que estudos dessa natureza são complexos devido ao acesso aos dados.

Neste item, focalizaremos o estudo de André e Romanowski (1999), por constituírem dados mais abrangentes sobre teses e dissertações. Na pesquisa por eles realizada, foram utilizados diversos bancos de dados, principalmente o banco organizado pela Anped. Foram obtidos os seguintes resultados: no período de 1990 a 1998 foram defendidas nos programas de pós-graduação em educação 6.244 pesquisas, teses e dissertações. Desse total, o tema formação de professores foi abordado em 490 pesquisas, ou seja, 7,85%. Em 1990, o número de trabalhos correspondia a 32. A partir de 1995, vem ocorrendo um aumento das pesquisas sobre formação de professores em relação ao início da década, o que indica a preocupação com relação a esse tema. No ano de 1998, o número de pesquisas sobre formação do professor atingiu 9,77%, com 84 trabalhos.

Na Tabela 2 é possível verificar a distribuição do número de teses e dissertações durante esse período.

Tabela 2 – Distribuição das teses e dissertações sobre formação de professores em relação ao total de trabalhos acadêmicos, no período entre 1990 e 1998

Ano	Total de trabalhos	N° de teses e dissertações sobre formação de professores	% de teses e dissertações sobre formação de professores
1990	460	32	6,96%
1991	461	38	8,24%
1992	624	45	7,21%
1993	614	39	6,35%

(continua)

(Tabela 2 – conclusão)

1994	698	45	6,45%
1995	802	69	8,60%
1996	834	73	8,75%
1997	891	65	7,30%
1998	860	84	9,77%
Total	**6244**	**490**	**7,85%**

Fonte: Romanowski, 2002.

Entre os temas de estudo sobre formação de professores, a formação inicial é a que tem sido mais considerada nas teses e dissertações, conforme os dados apresentados na Tabela 3, constituindo 354 estudos (72,15%). No entanto, no decorrer da década pesquisada, houve um aumento das pesquisas sobre formação continuada. O tema *identidade e profissionalização docente* tem sido bem menos abordado nas teses e dissertações, em relação aos demais.

Tabela 3 – Distribuição por temas nas teses e dissertações no período entre 1990 e 1998

Ano	Formação inicial	%	Formação continuada	%	Profissionalização e identidade	%	Total
1990	30	93,76%	1	3,12%	1	3,12%	32
1991	33	86,81%	4	10,53%	1	2,63%	38
1992	26	57,79%	15	33,33%	4	8,88%	45
1993	28	71,79%	9	23,08%	2	5,13%	39
1994	30	66,67%	10	22,22%	5	11,11%	45
1995	48	69,57%	13	18,84%	8	11,59%	69
1996	58	79,45%	9	12,32%	6	8,22%	73

(continua)

(Tabela 3 – conclusão)

1997	47	72,31%	7	10,77%	11	16,92%	65
1998	54	64,29%	25	29,76%	5	5,95%	84
Total	**354**	**72,25%**	**93**	**18,98%**	**43**	**8,77%**	**490**

Fonte: Romanowski, 2002.

As pesquisas abordam um curso ou uma instituição. Poucos estudos são mais abrangentes. Entre os aspectos investigados, destacam-se os estudos sobre a prática docente nesses cursos e os problemas referentes à desarticulação entre teoria e prática no ensino das disciplinas dos cursos de licenciatura. O debate sobre os currículos dos cursos de graduação – especialmente os de formação de professor – e sobre a fragilidade na indissociabilidade entre ensino e pesquisa, bem como o distanciamento entre escola e universidade, indicam que os problemas históricos existentes nesses cursos ainda não foram superados, inclusive a estruturação do currículo dos cursos de licenciatura, que indica a desarticulação entre as disciplinas, a falta de relação entre as escolas da educação básica e as faculdades que ofertam os cursos de formação de professores. Além disso, os estudos sobre aprendizagem dos alunos nesses cursos apontam que ocorrem dificuldades na aprendizagem dos conteúdos específicos, especialmente na área de ciências exatas.

O resultado é um quadro que confirma a existência de muitas questões abertas sobre essa temática. Os desafios da pesquisa educacional, na área da formação do professor, constituem campo necessário para a investigação e proposição de novas alternativas para melhorar os processos de formação dos cursos de licenciatura, assim como uma formação continuada.

Destacamos que as pesquisas sobre formação continuada enfatizam estudos baseados em programas que são desenvolvidos por universidades ou secretarias de educação, com a finalidade de avaliar a metodologia de ensino e a prática docente dos professores.

A falta de abordagens relativas à formação política do professor, às suas condições de trabalho, às formas de associação profissional, às questões salariais e de carreira aponta a necessidade de pesquisas sobre essas temáticas.

Chama a atenção que os pesquisadores não têm enfatizado a formação de professores para atuar em movimentos sociais e com crianças em situações de risco, pois a pesquisa pode ajudar na percepção desses problemas e apontar alternativas para alterar as políticas e práticas nessa área.

Ainda, é necessário que destaquemos que a educação a distância na formação continuada também é outro tema pouquíssimo pesquisado. Como atualmente muitos cursos têm sido ofertados, é importante conhecer a forma como está ocorrendo essa oferta e quais as contribuições na formação dos professores. A relação do professor com as práticas culturais é um conteúdo quase esquecido.

Essa análise indica a necessidade de que as temáticas sobre os problemas da carreira do professor e práticas sobre a diversidade carecem de maior número de pesquisa, bem como as que falam da formação de professores para trabalhar em comunidades que apresentam diversidade cultural, como os professores que ministram aulas para a educação indígena, para o Movimento dos Trabalhadores Rurais Sem Terra (MST), em alfabetização solidária, entre outros.

Destacamos, também, a necessidade de estudos mais abrangentes que possam ser desenvolvidos por grupos de pesquisadores, especialmente neste período em que inovações estão em andamento. Estas procedem da utilização de novos procedimentos na formação de professores. Os cursos de licenciatura, que estão em processo de reformulação, necessitam de projetos de investigação para avaliar como estão ocorrendo as mudanças.

Em decorrência, destacamos a importância do debate sobre a relação entre ensino e pesquisa no ensino superior e a pesquisa educacional, suas implicações para a formação e atuação docente, incluindo a discussão sobre a participação do professor nas pesquisas. A perspectiva de formar o professor pela pesquisa confirma a indissociabilidade entre ensino e pesquisa.

Essas pesquisas, ao abordarem a nossa formação, além de contribuírem para a produção de conhecimento na área, podem trazer o desenvolvimento profissional e a mudança da prática docente. A recusa de considerar o professor apenas como consumidor e transmissor de conhecimento acadêmico reconhece que os docentes são capazes de investigar a prática pedagógica que realizam, bem como a realidade em que atuam.

É fundamental a discussão do papel do professor na pesquisa e na produção de conhecimentos. Ao analisar os problemas da prática e produzir explicações dos determinantes, os pesquisadores podem indicar novos caminhos para a construção de novas alternativas para mudança dessa prática. Com isso, a compreensão favorece a aproximação das práticas dos professores com as análises teóricas que são produzidas, resultando em melhorias.

Os investimentos no fomento da produção de pesquisa educacional no Brasil revelam-se importantes, mas tais exigem cuidado e rigor na efetivação da investigação. Esses trabalhos, ao discutirem os caminhos da pesquisa na formação de professores, precisam envidar esforços para que, além do rigor, a pesquisa possa de fato trazer contribuições sociais.

Defender a pesquisa no campo da formação docente, como afirma Ventorim (2005), é "argumentar pela aproximação entre pesquisadores e professores, entre pesquisa e prática". Essa perspectiva aumenta a possibilidade de que a teoria possa ser expressão das relações consubstanciadas e decorrentes da explicitação das contradições da prática.

Cabe ainda enfatizar que a discussão sobre o valor da pesquisa foi posta em questão, devido à concepção de que a pesquisa acadêmica trata-se de um mundo separado da prática, ou que a teoria pode direcionar a prática. Essas concepções só fizeram afastar os professores da pesquisa e a universidade da escola. A superação dessas dicotomias pode ser fator de modificação das relações entre experiência e pesquisa, entre teoria e prática de formação de professores.

O conceito de colaboração pode ser ampliado para o reconhecimento dos saberes dos professores – e não apenas como uma associação entre pesquisadores e professores da educação básica –, com os programas e cursos de formação de professores.

Síntese

Este capítulo apresentou alguns números de pesquisas na área de formação do professor. Você pôde observar o que foi abordado pelas teses e dissertações em um recorte de tempo, mais precisamente na década de 1990. Foi ainda evidenciada a importância desses estudos, principalmente de alguns temas, e as principais carências da área.

Atividades de autoavaliação

1. Assinale a alternativa FALSA:

   a) A formação inicial tem sido um dos temas favoritos de teses e dissertações da área da educação no Brasil.

   b) A década de 1990 apresentou um aumento no número de pesquisas sobre a formação de professores nos programas de pós-graduação no Brasil.

   c) Os estudos têm mostrado que os problemas históricos que estudamos nos capítulos anteriores estão sendo superados.

   d) Há uma necessidade de estudos sobre a carência de formação de profissionais para atuar com crianças em situações de riscos.

2. Assinale a alternativa Verdadeira:

   a) Um dos temas mais abordados em teses e dissertações tem sido a identidade e a profissionalização docente.

   b) Os currículos dos cursos de licenciatura, em sua maioria, mantêm uma articulação aceitável entre as escolas de educação básica e as IES.

   c) As pesquisas sobre avaliação continuada objetivam avaliar a metodologia de ensino em detrimento da prática docente.

   d) A área de pesquisas carece de estudos voltados às condições de trabalho, questões salariais e de carreira e à formação política do professor.

3. Identifique as proposições que indicam conteúdos poucos explorados pelos atuais pesquisadores e, em seguida, assinale a alternativa que corresponde à sua resposta:

   I) A educação a distância na formação continuada.

   II) Como os recursos de EaD podem contribuir na formação dos professores.

   III) A relação dos professores com as práticas culturais.

   IV) A prática docente nas licenciaturas.

   a) IV, III e I.
   b) III, II e IV.
   c) I, II e III.
   d) II, III e IV.

4. Sobre este capítulo, de modo geral, é correto afirmar:

   a) Há poucas pesquisas voltadas à formação dos professores para trabalhar em comunidades com diversidade cultural.

   b) As mudanças que estão ocorrendo nos cursos de licenciaturas têm sido alvo de muitas pesquisas.

   c) O professor é considerado um transmissor de conhecimento acadêmico.

   d) O tema menos pesquisado na década de 1990 foi a *formação inicial do professor*.

5. As pesquisas são importantes, pois conseguem sucesso por diversos motivos, como os citados a seguir, EXCETO:

   a) Contribuem para a produção de conhecimento na área estudada.

   b) Oportunizam o desenvolvimento profissional e a mudança da prática docente.

   c) Indicam novos caminhos para a construção de uma nova prática de ação.

   d) Apresentam a realidade do profissional da área, o que viabiliza conquistas salariais.

Atividades de aprendizagem

Questões para reflexão

1. Por que um professor que atua nas áreas de risco precisaria ter uma formação diferenciada?

2. O que você conhece sobre os currículos das licenciaturas e a real prática do professor? Até que ponto você entende que eles visam preparar um profissional capacitado para a prática docente?

Atividade aplicada: prática

1. Procure uma escola, se você não trabalha em uma, e busque saber dos professores qual é a maior barreira que eles encontram na sua prática docente. Escreva um texto sobre o resultado.

Considerações finais

Ao finalizar este livro, temos consciência de que as questões sobre formação e profissionalização docente não foram abordadas em sua totalidade e que os pontos tratados são apenas indicativos provisórios sobre as reflexões que podem ser realizadas nesse momento.

No entanto, as questões indicadas, como a identidade profissional, o quadro atual da formação de professores no Brasil, a evolução histórica da profissão, a condição de valorização docente, a caracterização da prática e dos saberes docentes, as perspectivas dos cursos de formação inicial, bem como da formação continuada, possibilitaram ampliar a compreensão dessas temáticas. Mais que isso, favoreceram a construção de uma cartografia da formação e profissionalização dos professores.

O objetivo central que conduziu as reflexões efetivadas foi compreender o estado da formação e profissionalização do professor, expressando os pontos críticos impeditivos do avanço da melhoria da prática docente e da própria condição do exercício profissional. Nos cursos de formação inicial não houve superação das dicotomias, como a separação entre a escola e as faculdades, de tal modo que os problemas da prática pedagógica nem sempre constituem temas de estudo, estabelecendo o afastamento da teoria e da prática. Os programas de formação continuada mantêm-se desarticulados e sem continuidade; são ações isoladas e com contribuição muito restrita ao desenvolvimento dos professores.

Reconhecer que a formação pode contribuir para a melhoria da educação significa compreender a importância da profissionalização dos professores. Isso é condição, mas não suficiente. Os professores são fundamentais no desenvolvimento do processo de ensino; o enfrentamento que realizamos pode fazer diferença na melhoria da escola. No entanto, atribuir a nós a culpa pelo fracasso da escola significa isentar as mantenedoras e os sistemas educacionais dos compromissos sociais e políticos com a causa da educação.

Vivemos tempos difíceis, em que os professores são chamados a realizar uma prática consistente e efetiva, mas sem o correspondente reconhecimento desse esforço. Se por um lado há pouco investimento do poder público para minorar a situação de penúria da escola pública, por outro o ensino privado apresenta condições de instabilidade ao conjunto dos professores. A prática docente em condições tão adversas também apresenta resultados pouco promissores, pois a aprendizagem dos alunos está aquém do esforço desprendido.

Há muito por fazer, por investir, por valorizar. A rejeição de não desistir e continuar na busca em construir uma prática coletiva supera o espaço escolar e vai além da transmissão do conhecimento aos alunos. As novas tendências na formação de professores pela reestruturação dos cursos de licenciatura e Pedagogia, ao valorizarem a prática, podem significar um passo adiante na concretização de uma formação que considere os problemas existentes na escola. No entanto, se essa nova organização tomar a prática em seu aspecto formal, em que os futuros professores, ao realizarem as atividades práticas, apenas se atenham a registrar dados em formulários, pouco avanço será realizado. É preciso aproximar, interagir e estabelecer programas de cooperação entre a escola e as instituições formadoras, de tal forma que os professores das escolas, os professores formadores e os futuros professores, atuem articuladamente e considerem os problemas da prática, em que a teoria possa ser construída pela reflexão decorrente desse processo de enfrentamento desses problemas. A busca de uma formação para a mediação entre as intenções sociais do processo educativo e a promoção dos sujeitos como pessoas e como cidadãos precisa ser realizada. A prática, portanto, não pode tornar-se refém de si mesma, quer dizer, restringir a formação ao esvaziamento da formação restrita, ao aspecto técnico.

Do mesmo modo, a formação continuada precisa constituir-se como política de desenvolvimento profissional e não apenas como relatórios de programas de investimento financeiro e treinamento de professores.

O processo permanente de constituição dos professores como sujeitos e como coletivo de profissionais no enfrentamento dos problemas da prática é um permanente desafio. As divergências, contradições e paradoxos de nosso tempo não podem constituir-se em desmobilização, ainda que sejam determinantes das questões existentes. É preciso permanecer na busca da educação como prática social, capaz de contribuir na produção de uma nova sociedade, mais justa, mais humana, mais emancipadora, portanto mais amorosa.

Referências

ALTET, M.; PAQUAY, L.; PERRENOUD, P. **A profissionalização dos formadores de professores**. Porto Alegre: Artmed, 2003.

ALVES, N. G. (Org.). **Formação de professores**: pensar e fazer. 5. ed. São Paulo: Cortez, 1999.

ANASTASIOU, L. G. C. **Metodologia do ensino superior**. Curitiba: Ibpex, 1998.

ANDRÉ, M. E. D. A. (Org.). A pesquisa sobre formação de professores no Brasil, 1990-1998. In: ENCONTRO NACIONAL DE DIDÁTICA E PRÁTICA DE ENSINO, 10. **Anais**... Rio de Janeiro: [s.n.], 2000.

ANDRÉ, M. E. D. A. Formação de professores no Brasil (1990-1998). Brasília: Inep/MEC, 2002.

_____. O papel da pesquisa na formação e na prática dos professores. Campinas: Papirus, 2001.

_____. Pesquisa, formação e prática docente. In: _____. (Org.). O papel da pesquisa na formação e na prática dos professores. 2. ed. São Paulo: Papirus, 2002.

ANDRE, M. E. D. A.; OLIVEIRA, M. R. N. S. (Org.). Alternativas no ensino de didática. 5. ed. Campinas: Papirus, 2003.

ANDRÉ, M. E. D. A.; ROMANOWSKI, J. P. O tema formação de professores nas teses e dissertações brasileiras, 1990-1996. In: REUNIÃO ANUAL DA ANPEd, 22., 1999, Caxambu, MG. Anais... Caxambu: ANPEd, 1999.

ANDRÉ, M. E. D. A.; O papel mediador da pesquisa no ensino de didática. In: ANDRÉ, M. E. D. A.; OLIVEIRA, M. R. N. S. (Org.). Alternativas no ensino de didática. 4. ed. Campinas: Papirus, 2002.

ANDRÉ, M. et al. Estado da arte da formação de professores no Brasil. Educação e Sociedade, v. 22, n. 68, dez. 1999.

ANFOPE. Boletim ANFOPE especial. Goiânia, Anfope, ago. 1993.

_____. Boletim da ANFOPE. Campinas: Unicamp, v. 3, n. 5, jan. 1997.

_____. In: ENCONTRO NACIONAL, 7. 1994, Niterói. Documento Final. Niterói: Anfope, 1994.

ANFOPE. In: ENCONTRO NACIONAL, 9., 1998, Campinas, **Documento Final**. Campinas: Anfope, 1998.

ARROYO, M. G. **Ofício de mestre**: imagens e autoimagens. 6. ed. Petrópolis: Vozes, 2000.

BEHRENS, M. A. **O paradigma emergente e a prática pedagógica**. Curitiba: Champagnat, 2005.

BEILLEROT, J. A pesquisa: esboço de uma análise. In: ANDRÉ, M. E. D. A. (Org.). **O papel da pesquisa na formação e na prática dos professores**. Campinas: Papirus, 2001.

BERGAMO, R. B.; ROMANOWSKI, J. P. A contribuição da universidade para a educação básica. In: ENCONTRO DAS ESCOLAS CATÓLICAS, 2003. Curitiba. **Anais**... Curitiba, 2003.

BICUDO, M. A. V.; SILVA JÚNIOR, C. A. **Formação do educador**. São Paulo: Ed. da Unesp, 1996. v. 1-3.

BITTAR, M.; FERREIRA JÚNIOR, A. O ofício de ensinar: dos preceptores aos professores. **Série Estudos**: periódicos do mestrado em Educação da UCDB, Campo Grande, n. 14, p. 123-137, jul./dez. 2002.

BOURDIEU, P.; PASSERON, J. C. **A reprodução**: elementos para uma teoria do sistema de ensino. Rio de Janeiro: Francisco Alves, 1982.

BRASIL. Lei nº 9.394, de 20 de dezembro de 1996. **Diário Oficial da União**, Poder Legislativo, Brasília, DF, 23 dez. 1996, p. 27833.

BRZEZINSKI, I. A formação do profissional da escola. ANDE. Revista da Associação Nacional de Educação. São Paulo, v. 13, n. 20, p. 21-30, 1994.

_____. **Pedagogia, pedagogos e formação de professores.** 4. ed. Campinas: Papirus, 1996.

_____. **Profissão professor**: identidade e profissionalização docente. Brasília: Plano, 2002.

CANDAU, V. M. F. (Coord.). **Novos rumos da licenciatura.** Brasília: INEP, 1987.

CARVALHO, A. M. P.; Gil-PÉREZ, D. **Formação de professores de ciências.** São Paulo: Cortez, 1995.

CATANI, D. B. (Org.). **Docência, memória e gênero.** São Paulo: Escrituras, 1997.

CATANI, D. B. (Org.). Formação, formações: as histórias de vida escolar e a educação de professores. In: ENCONTRO NACIONAL DE DIDÁTICA E PRÁTICA DE ENSINO, 7. Florianópolis. **Anais...** Florianópolis: UFSC, 1996.

CHARLOT, B. **Da relação com o saber**: elementos para uma teoria. Porto Alegre: Artes Médicas Sul, 2000.

CNE – Conselho Nacional de Educação. **Pareceres.** Disponível em: <http://portal.mec.gov.br/cne/index.php?option=com_content&view=article&Id=12984&Itemid=866>. Acesso em: 15 abr. 2010.

COCHRAN-SMITH, M.; LYTLE, S. Relationships of knowledge and practice: teacher learning in commnunities. Review of Research in Education, 24, 1999. In: ANDRÉ, M. E. D. A. (Org.). **O papel da pesquisa na formação e na prática dos professores**. Campinas: Papirus, 2001.

COMENIUS. **Didática magna**. São Paulo: M. Fontes, 1997.

CONTRERAS, J. **A autonomia de professores**. São Paulo: Cortez, 2002.

CUNHA, M. I. **O bom professor e sua prática**. Campinas: Papirus, 1989.

DEMAILY, L. C. Modelos de formação contínua e estratégias de mudança. In: NÓVOA, A. **Os professores e sua formação**. Lisboa: Dom Quixote, 1992.

DEMARTINI, Z. B. F. Memórias na educação. In: ROMANOWSKI, J. P.; MARTINS, P. L. O.; JUNQUEIRA, S. R. A. **Conhecimento local, conhecimento universal**: formação de professores. Curitiba: Champagnat, 2005.

DEWEY, J. **Democracia e educação**: introdução à filosofia da educação. 3. ed. São Paulo: Ed. Nacional, 1959.

DIAS, S. **Do império à atualidade**: marcas de continuidade na história das universidades. 2003. Disponível em: <http://www.comciencia.br/reportagens/universidades/uni03.shtml>. Acesso em: 26 mar. 2010.

DICKEL, A. Que sentido há em se falar em professor pesquisador no contexto atual? In: GERALDI, C. M. G.; FIORINTINI, D.; PEREIRA, E. M. A. **Cartografias do trabalho docente**. Campinas: Mercado das Letras, 1998.

DOMINICÉ, P. Processo de formação e alguns dos seus componentes relacionais. In: NÓVOA, A.; FINGER, M. **O método autobiográfico e a formação**. Lisboa: Ministério de Saúde, Departamento de Recursos Humanos da Saúde, Centro de Aperfeiçoamento Profissional, 1988.

EDUCAÇÃO E SOCIEDADE. Formação de profissionais da educação: políticas e tendências. Campinas: CEDES, n. 68, 1999. Número Especial.

FIORENTINI, L. M. R. Educação a distância na universidade do século XXI. 2004. Disponível em: <http://www.tvebrasil.com.br/salto/boletins/2003/edu/>. Acesso em: 26 mar. 2010.

FREIRE, P. **Pedagogia da autonomia**: saberes necessários à prática educativa. São Paulo: Paz e Terra, 1996.

FREITAS, H. C. L. A reforma do ensino superior no campo da formação dos profissionais da educação básica: as políticas educacionais e o movimento dos educadores. **Educação e Sociedade**, Campinas, n. 68, 1999.

_____. Certificação docente e formação do educador: regulação e desprofissionalização. **Educação e sociedade**, Campinas, v. 24, n. 85, dez. 2003.

FREITAS, H. C. L. Sobre o VII Seminário Nacional sobre a Formação dos Professores da Educação. **Pedagogia e Formação dos Profissionais da Educação**: discutindo o futuro da educação básica. Disponível em: <http://www.ced.ufsc.br/pedagogia/Textos/HelenaFreitasVII.htm>. Acesso em: 15 abr. 2010.

FREITAS, L. C. Em direção a uma política para a formação dos professores. **Em Aberto**, Brasília, n. 12, p. 3-22, abr./jun. 1992a.

_____. Formação de educadores: uma abordagem histórica. In: **Educadores para o século XXI**: uma visão multidisciplinar. São Paulo: Unes, 1992b.

GARCÍA ARETIO, L. **Educación a distancia hoy**. Madrid: Uned, 1994.

GARRIDO, E. Sala de aula: espaço de construção do conhecimento para o aluno e de pesquisa e desenvolvimento profissional para o professor. In: CASTRO, A. A. D.; CARVALHO, A. M. P. (Org.). **Ensinar a ensinar**. São Paulo: Pioneira, 2001, p. 125-142.

GATTI, B. **Formação de professores e carreira**. São Paulo: Cortez, 1997.

GERALDI, C. M. G.; FIORINTINI, D.; PEREIRA, E. M. A. **Cartografias do trabalho docente**. Campinas: Mercado das Letras, 1998.

GIMENO SACRISTÁN, J. **Poderes instáveis em educação**. Porto Alegre: Artes Médicas, 1999.

GIROUX, H. A. **Os professores como intelectuais:** rumo a uma pedagogia crítica da aprendizagem. Porto Alegre: Artes Médicas, 1997.

GLASER, N. Z. R. R. **Meio século de educação na UFPR:** uma crônica desde a Faculdade de Filosofia, Ciências e Letras e Instituto de Educação Anexo ao Setor de Educação. Curitiba: Funpar, [s.d.].

GHIRALDELLI JÚNIOR, P. **Filosofia e história da educação brasileira.** Barueri: Manole, 2003.

HUBERMAN, M. Innovation up closer: how school improvement works. In: MARCELO, C. G. **A formação de professores para uma mudança educativa.** Porto: Porto Editora, 1992.

INEP – Instituto Nacional de Estudos e Pesquisas Educacionais Anísio Teixeira. **Sinopses estatísticas da educação superior:** graduação. Disponível em: <http://www.inep. gov.br/superior/censosuperior/sinopse/default.asp>. Acesso em: 29 mar. 2010.

JOSSO, C. Da formação do sujeito ao sujeito da formação. In: NÓVOA, A.; FINGER, M. **O método autobiográfico e a formação.** Lisboa: Ministério de Saúde, Departamento de Recursos Humanos da Saúde, Centro de Aperfeiçoamento Profissional, 1988.

KESSELRING, T. **Jean Piaget.** Petrópolis: Vozes, 1993.

LIBÂNEO, J. C. **Adeus professor, adeus professora?** Novas exigências educacionais e profissão docente. São Paulo: Cortez, 1998.

LIBÂNEO, J. C. **Didática**. São Paulo: Cortez, 1996.

_____. **Didática**. 22. ed. São Paulo: Cortez, 2004. v. 1.

_____. **Pedagogos para quê?** São Paulo: Cortez, 1998.

_____. Que destino os educadores darão à pedagogia? In: PIMENTA, S. G. **Pedagogia, ciência da educação?** São Paulo: Cortez, 1996.

LIBÂNEO, J. C. Reflexividade e formação de professores: outra oscilação do pensamento pedagógico brasileiro? In: PIMENTA, S. G.; GHEDIN, E. (Org.). **Professor reflexivo no Brasil**: gênese e crítica de um conceito. São Paulo: Cortez, 2002.

LIMA, M. A. C. Escola nova, pragmatismo deweyano e formação de professores: algumas (des)considerações. **Revista Diálogo Educacional**, Curitiba, v. 4, n. 10, set./dez. 2003.

LOBO NETO, F. J. S. **Educação a distância**: referências e trajetórias. Rio de Janeiro: Associação Brasileira de Tecnologia Educacional; Brasília: Plano, 2001.

LÜDKE, H. A. L. M. et al. (Org.). **O professor e a pesquisa**. 3. ed., Campinas: Papirus, 2004. v. 1.

LÜDKE, M. A complexa relação entre o professor e a pesquisa. In: ANDRÉ, M. E. D. A.; OLIVEIRA, M. R. N. S. (Org.). **Alternativas no ensino de didática**. Campinas: Papirus, 1997.

_____. Avaliação institucional: formação de docentes para o ensino fundamental e médio (as licenciaturas). **Cadernos Crub**, v. 1, n. 4, 1994.

LÜDKE, M. Investigando sobre o professor e a pesquisa. In: ROMANOWSKI, J. P.; MARTINS, P. L.; JUNQUEIRA, S. R. A. (Org.). **Conhecimento local e conhecimento universal**: pesquisa, didática e ação docente. Curitiba: Champagnat, 2004.

LURIA, A. R. O papel da linguagem na formação de conexões temporais e a regulação do comportamento em crianças normais e oligofrênicas. In: LURIA, A. R. et al. **Psicologia e pedagogia**: bases psicológicas da aprendizagem e do desenvolvimento. 2. ed. Lisboa: Estampa, 1991. p. 121-141.

MACHADO, N. J. **Conhecimento e valor**. São Paulo: Moderna, 2004. v. 1.

MARCELO, C. G. **A formação de professores para uma mudança educativa**. Porto: Porto Editora, 1999.

MARCELO, C. G. A formação de professores: novas perspectivas baseadas na investigação sobre o pensamento do professor. In: NÓVOA, A. **Os professores e sua formação**. Lisboa: Dom Quixote, 1992.

MARIN, J. Saber local e saber pretensamente universal, no contexto da globalização. In: ROMANOWSKI, J.; MARTINS, P. L.; JUNQUEIRA, S. (Org.). **Conhecimento local e conhecimento universal**: formação de professores. Curitiba: Champagnat, 2005.

MARQUES, M. O. **A formação do profissional da educação**. Ijuí: Ed. da Unijuí, 1992.

MARTINS, O. B. **Teoria e prática tutorial em educação a distância.** Curitiba: Ibpex, 2002.

MARTINS, P. L. **A didática e as contradições da prática.** Campinas: Papirus, 2003. v. 1.

_____. **Didática teórica/didática prática: para além do confronto.** 6. ed. São Paulo: Loyola, 2000.

MENEZES, L. C. (Org.). **Formação continuada de professores de ciências.** São Paulo: Cortez, 1996.

MIZUKAMI, M. G. N. **Ensino: as abordagens do processo.** 15. ed. São Paulo: Pedagógica e Universitária, 2003.

MORIN, E. **A cabeça bem-feita: repensar a reforma, reformar o pensamento.** Rio de Janeiro: Bertrand do Brasil, 2001.

_____. **Introdução ao pensamento complexo.** Lisboa: Instituto Piaget, 1995.

_____. **Os sete saberes necessários à educação do futuro.** São Paulo: Cortez, 1999.

NÓVOA, A. (Coord.). **Os professores e a sua formação.** Lisboa: Dom Quixote, 1992a.

_____. (Org.). **Vida de professores.** Porto: Porto Editora, 1992b.

_____. Formação de professores. In: CONGRESSO DE FORMAÇÃO DE PROFESSORES, 1., 2000, Santa Maria. Anotações pessoais.

NÓVOA, A. **Profissão professor.** Porto: Porto Editora, 1995.

OLIVEIRA, D. A. A reestruturação do trabalho docente: precarização e flexibilização. **Educação e Sociedade**, Campinas, v. 25, n. 89, set./dez. 2004.

OLIVEIRA, M. R. N. S.; DALMAZO, M. E.; ANDRÉ, M. E. D. A. (Org.). **Alternativas no ensino de didática**. 5. ed. Campinas, 2003.

OLIVEIRA, M. R. N. S. **Didática**: ruptura, compromisso e pesquisa. Campinas: Papirus, 1993.

PACHECO, J. A.; MORAES, M. C.; EVANGELISTA, M. O. (Org.). **Formação de professores**: perspectivas educacionais e curriculares. Porto: Porto Editora, 2003.

PEREIRA, J. D. E. **Formação de professores**: representações e poder. Belo Horizonte: Autêntica, 2000.

PÉREZ GÓMEZ, A. I. A função e a formação do professor(a) no ensino para a compreensão: diferentes perspectivas. In: GIMENO SACRISTÁN, J.; PÉREZ GÓMEZ, A. I. **Compreender e transformar o ensino**. Porto Alegre: Artes Médicas, 1998.

PÉREZ GÓMEZ, A. O pensamento prático do professor: a formação do professor como profissional reflexivo. In: NÓVOA, A. **Os professores e a sua formação**. Lisboa: Dom Quixote, 1992.

PERRENOUD, P. **Práticas pedagógicas, profissão docente e formação**: perspectivas sociológicas. Lisboa: Dom Quixote, 1993.

PIMENTA, S. G. A didática como mediação na construção da identidade do professor: uma experiência de ensino e pesquisa. In: OLIVEIRA, M. R. N. S.; ANDRÉ, M. E. D. A. (Org.). **Alternativas no ensino de didática**. 5. ed. Campinas: Papirus, 2003.

_____. **Didática e formação de professores**: percursos e perspectivas no Brasil e Portugal. São Paulo: Cortez, 1997a.

_____. **O pedagogo na escola pública**. São Paulo: Loyola, 1988.

_____. Para uma ressignificação da didática: ciência da educação, pedagogia e didática – uma revisão conceitual e uma síntese provisória. In: PIMENTA, S. G. (Org.). **Didática e formação de professores**: percurso e perspectiva no Brasil e em Portugal. São Paulo: Cortez, 1997b.

_____. **Saberes pedagógicos e atividade docente**. São Paulo: Cortez, 1999.

PIMENTA, S. G.; GHEDIN, E. (Org.). **Professor reflexivo no Brasil**: gênese e crítica de um conceito. São Paulo: Cortez, 2002.

REALI, A. M. M. R.; MIZUKAMI, M. G. N. **Formação de professores**: tendências atuais. São Carlos: EdUFScar, 1996.

RIOS, T. A. **Compreender e ensinar**: por uma docência da melhor qualidade. 4. ed. São Paulo: Cortez, 2003.

RIOS, T. A. **Por uma docência da melhor qualidade**. 2000. 240 f. Tese (Doutorado em Educação) – Universidade de São Paulo, São Paulo, 2000.

ROMANOWSKI, J. P. **As licenciaturas no Brasil**: um balanço das teses e dissertações dos anos 90. 2002. 175 f. Tese (Doutorado em Educação) – Universidade de São Paulo, São Paulo, 2002.

_____. Os processos de pesquisa e a formação docente. In: ROMANOWSKI, J. P.; MARTINS, P. L. O.; JUNQUEIRA, S. R. A. (Org.). **Conhecimento local e conhecimento universal**: pesquisa e ação docente. Curitiba: Champagnat, 2004.

ROMANOWSKI, J. P. WACHOWICZ, L. A. Avaliação formativa no ensino superior: que resistências manifestam os professores e alunos? In: ANASTASIOU, L. G. C.; ALVES, L. P. **Processos de ensinagem na universidade**. Joinville: Ed. da Univille, 2004.

ROMANOWSKI, J. P.; MARTINS, P. L. O.; JUNQUEIRA, S. R. A. **Conhecimento local, conhecimento universal**: formação de professores. Curitiba: Champagnat, 2005.

ROMANOWSKI, J. P.; MARTINS, P. L. O.; WACHOWICZ, L. A. As preocupações dos professores do ensino fundamental sobre o seu trabalho. In: CONGRESSO INTERNACIONAL EDUCAÇÃO E TRABALHO. **Anais**... Aveiro: Universidade de Aveiro, 2005.

SANTOS, L. L. C. P. Dilemas e perspectivas na relação entre ensino e pesquisa. In: ANDRÉ, M. E. D. A. (Org.). **O papel da pesquisa na formação e na prática dos professores**. Campinas: Papirus, 2001.

SAVIANI, D. **Escola e democracia**. 4. ed. São Paulo: Cortez; Campinas: Autores Associados, 1984.

SCHÖN, D. A. **Educando o profissional reflexivo**: um novo design para ensino e aprendizagem. Porto Alegre: Artes Médicas Sul, 2000.

SCHÖN, D. A. Formar professores como profissionais reflexivos. In: NÓVOA, A. (Org.). **Os professores e a sua formação**. Lisboa: Dom Quixote, 1992.

SEVERINO, A. J. **Educação, sujeito e história**. São Paulo: Olho d'Água, 2001.

SILVA, C. **Curso de Pedagogia no Brasil**: identidade e história. Cortez, 1999.

SILVA JÚNIOR, C. A. **A supervisão da educação**: do autoritarismo ingênuo à vontade coletiva. São Paulo: Cortez, 1985.

SOARES, M. B.; MACIEL, F. P. **Alfabetização no Brasil**: o estado do conhecimento. Brasília: Inep, 2000.

SOUZA, G. M. R. **Professor reflexivo no ensino superior**: intervenção na prática pedagógica. 2005. 145 f. Dissertação (Mestrado em Educação) – Pontifícia Universidade Católica do Paraná, Curitiba, 2005.

TANURI, L. M. História da formação de professores. **Revista Brasileira de Educação**, São Paulo, n. 14, p. 62, maio/ago. 2000.

TARDIF, M. **Saberes docentes e formação profissional**. 3. ed. Petrópolis: Vozes, 2002.

VENTORIM, S. A formação do professor pesquisador na produção científica dos encontros nacionais de didática e prática de ensino: 1994-2000. In: REUNIÃO DA ANPEd, 28, 2005, Caxambu. **Anais**... Caxambu, 2005. 1 CD-ROM.

VIANNEY, J.; TORRES, P.; SILVA, E. **A universidade virtual do Brasil**: o ensino superior a distância no país. Tubarão: Ed. da Unisul, 2003.

WEBER, S. Como e onde formar professores: espaços em confronto. **Educação e Sociedade**, Campinas, v. 21, n 70, p. 129-156, 2000.

ZEICHNER, K. M. **A formação reflexiva de professores**: ideias e práticas. Lisboa: Educa, 1993.

Gabarito

Capítulo 1

Atividades de autoavaliação

1. d
2. a
3. b
4. b
5. c

Capítulo 2

Atividades de autoavaliação

1. d
2. a
3. a
4. b
5. b

Capítulo 3

Atividades de autoavaliação

1. d
2. b
3. b
4. b
5. c

Capítulo 4

Atividades de autoavaliação

1. c
2. d
3. d
4. a
5. d

Sobre a autora

A pedagoga Joana Paulin Romanowski é doutora em Educação, Didática e Formação de Professores pela Universidade de São Paulo – USP (2002), mestre em Educação pela Universidade Federal do Paraná – UFPR (1985) e especialista em alfabetização. É professora aposentada pela UFPR, assim como pela Prefeitura Municipal de Curitiba, onde ministrava aulas na educação básica. Atualmente, é docente no Programa de Pós-Graduação em Educação e membro do Comitê de Ética em Pesquisa da Pontifícia Universidade Católica do Paraná – PUC PR, assessora do CAA –

Educação e Psicologia da Fundação Araucária-PR, além de consultora pedagógica do Centro Universitário Uninter.

FSC
www.fsc.org
MISTO
Papel produzido
a partir de
fontes responsáveis
FSC® C051266

Impressão: Gráfica Exklusiva
Junho/2019